QUEM EDUCA MARCA O CORPO DO OUTRO

EDITORA AFILIADA

Conselho Editorial de Educação:

José Cerchi Fusari
Marcos Antonio Lorieri
Marcos Cezar de Freitas
Marli André
Pedro Goergen
Terezinha Azerêdo Rios
Valdemar Sguissardi
Vitor Henrique Paro

Dados Internacionais de Catalogação na Publicação (CIP)
(Câmara Brasileira do Livro, SP, Brasil)

Dowbor, Fátima Freire
Quem educa marca o corpo do outro / Fátima Freire Dowbor ; organizadoras Sonia Carvalho, Deise Aparecida Luppi. – 3. ed. – São Paulo : Cortez Editora, 2025.

ISBN 978-65-5555-538-7

1. Cidadania 2. Educação - Finalidades e objetivos 3. Educação infantil 4. Lar e escola 5. Leitura 6. Pedagogia 7. Sala de aula - Direção I. Carvalho, Sonia. II. Luppi, Deise Aparecida. III. Título.

25-254141

CDD-370

Índices para catálogo sistemático:

1. Educação   370

Eliete Marques da Silva - Bibliotecária - CRB-8/9380

Fátima Freire Dowbor

Organizadoras
Sonia Carvalho
Deise Luppi

QUEM EDUCA MARCA O CORPO DO OUTRO

3ª edição

São Paulo – SP
2025

QUEM EDUCA MARCA O CORPO DO OUTRO
Fátima Freire Dowbor
Sonia Carvalho e Deise Aparecida Luppi (Orgs.)

Direção Editorial: Miriam Cortez
Coordenação editorial: Danilo A. Q. Morales
Assistente editorial: Gabriela Orlando Zeppone
Projeto gráfico de capa e miolo: Carvalho e Luppi
Desenhos de miolo: Fátima Freire
Preparação de originais: Jaci Dantas
Revisão: Maria de Lourdes de Almeida
            Tatiana Y. Tanaka Dohe
            Alexandre Ricardo da Cunha
Diagramação: Linea Editora
Capa: aeroestúdio

Nenhuma parte desta obra pode ser reproduzida ou duplicada sem autorização expressa da autora e do editor.

© 2007 by Autora

Direitos para esta edição
CORTEZ EDITORA
R. Monte Alegre, 1074 — Perdizes
05014-001 — São Paulo-SP
Tel.: +55 11 3864 0111
editorial@cortezeditora.com.br
www.cortezeditora.com.br

Impresso no Brasil – fevereiro de 2025

Às duas mulheres que marcaram minha vida: Elza e Sofia.

Com a primeira, aprendi a ser filha; e com a segunda, aprendo ainda hoje a ser mãe.

Agradecimentos

Este livro deve grande parte de sua existência à força e ao incentivo que recebi durante todo o seu período de gestação de duas grandes amigas: Sonia e Deise.

Ambas, de forma incansável, estiveram todo o tempo lado a lado comigo.

Vivemos momentos gostosos de discussões, questionamentos, certezas e dúvidas que simplesmente ficarão guardados no meu corpo como forma de gratidão e profundo carinho.

São Paulo, junho de 2006.

Sumário

Apresentação   11

Prefácio — *Rubem Alves*   15

PARTE 1 — A busca do fio vermelho   19

Percurso de vida   21

Sobre o desejo de escrever   23

Sobre "curiosear"   26

Sobre o lugar de origem   30

Sobre o aprender a escutar   34

O ato de perguntar   40

Do ato de se preparar para perceber o outro   44

Sobre parceria   50

Marcas da primeira aula   52

A escola que imagino   55

Parte 2 — Tecendo os fios... 57

Uma concepção democrática de educação 59

O ato de aprender numa concepção democrática de educação 61

O que é ser modelo? 64

As posturas pedagógicas do educador 67

Instrumentos metodológicos para a construção do grupo 75

Coordenação: função ou papel 86

Carta de Fátima para as professoras de *O Poço do Visconde* 95

Do ato de planejar 97

Da importância da leitura 102

Sobre limites 105

Regras, limites e combinados em sala de aula 109

Sobre cidadania 113

A relação entre escola e família: um diálogo necessário 117

Os eixos norteadores do trabalho pedagógico na educação infantil 126

A meu pai 133

Apresentação

Quando atuamos em educação, o fundamental é nos fazer determinadas perguntas como: Por que escolhemos trabalhar com educação? Qual a prioridade no ato de educar? O que queremos possibilitar aos nossos alunos? O que desejamos construir ou acrescentar na formação das crianças?

Pensar em educação é pensar nas fascinantes teorias, estudos, filosofias e experiências que os expoentes da área nos oferecem.

Pensar em educação é também nos depararmos com algumas questões de como fazer acontecer essas filosofias na prática da sala de aula, ou como esses estudos e teorias podem ocorrer no dia a dia da escola.

Talvez se busque apenas uma resposta, um caminho determinado certo e seguro, o já conhecido, o que nos foi passado como rotina, roteiro ensaiado e encenado, *script*.

Talvez se queira, enfim, uma "receita pronta" para ser aplicada, repetida, confirmada, mas não analisada, criticada e duvidada.

Para nós, há um bom tempo, pensar em educação é pensar Fátima Freire Dowbor. Sua visão, bem como postura, defesa e crítica, sobre o ato de educar é instigante, desafiadora, ousada e, ao mesmo tempo, tranquila, criativa, confiante e essencialmente contagiante.

Para ela, educação é movimento, é ensinar e aprender. Mas é principalmente apreender a relação constante entre a teoria e a prática.

Educação é descoberta, é busca de caminhos, pois nunca há um só, mas sim um específico para cada indivíduo.

Educação é prática, é fazer acontecer. Prática criativa, planejada, organizada, pensada e elaborada. Mas principalmente prática analisada, repensada, criticada, discutida e reconstruída.

Para Fátima, aprendemos fazendo, empreendendo, refazendo, reagindo, refletindo e questionando as rotinas, os roteiros. Educar é um ato de ousadia, é crença, é desejo. Desejo de favorecer o outro, desejo de aprender também com o outro. Desejo de construir sem formatar, mas possibilitar que se tenha forma.

Fátima nos traz a ideia de que educação é emoção, sentimento, paixão, amorosidade, generosidade; é apego/desapego. É valorizar a produção, o acerto, a tentativa, o impulso de busca.

Conhecer a educadora Fátima Freire Dowbor nos foi uma oportunidade de "beber" de generosa fonte de conhecimento, poesia e paixão. E de confirmar nossa esperança, de que é possível mudarmos a perspectiva de futuro, transformá-lo...

Podemos descrever a convivência com Fátima como um período sensorial, de experimentação no sentido de algo que se degusta, que se vivencia.

Uma relação que passa pelos sentidos. Gosto de café, cheiro de mar, abraço continente e quente, olhar verde que te vê, escuta e te devolve.

Foram anos de encontros em que gravávamos as falas, discussões e colocações, em que transcrevíamos os registros, até que surgiu a escrita tão pessoal que pouco ou nada havia o que retocar.

Escrita forte que, ousamos crer, encontrou o mesmo estilo de seu verbo: impactante e doce.

Nesse percurso fomos sendo encantadas pela sensibilidade e profundidade de suas reflexões. As várias línguas que ela carrega no seu corpo, como ela mesma diz, vibram em harmonia e resultam em uma provocação aos nossos sentidos educacionais e pessoais.

Tivemos a oportunidade de folhear e nos aprofundar nos seus cadernos de registro, em que pensamentos escritos e desenhados nos remeteram à essência dessa mulher no trato com a lida pedagógica e pessoal.

Pudemos sentir sua "forma" quer seja na palavra, no bordado, na decoração, no traje. Presença intensa e sentida não pela imposição. Mulher carregada de mar. Aliás, olhar para ele da sacada de sua casa torna-o diferente, sabemos lá o porquê.

Mulher de muitos contrastes: forte e delicada, simples e complexa, profunda e rasa, de sincera alegria, mas com imersões reflexivas, direta e obstinada em defesa de seus preceitos, com os quais busca sempre chegar ao "corpo" do outro; sensível a ponto de se colocar no "corpo" do outro, onde o seu saber generosamente é oferecido para que o outro também saiba mais, sempre com imenso respeito ao saber de quem quer que seja, criança ou adulto.

Dar continência e deixar partir é uma prática que exerce.

Trazer o vivido, reescrito pelo diálogo consigo mesma e com outros de forma tão sensível e próxima, fez com que nós conseguíssemos compreender a real intenção do praticar a educação transformadora.

Brincar com as palavras a fim de extrair delas as reais intenções.

Poetizar a educação.

Transformar, *significar*, *ressignificar*, permitir e *generosear* são palavras que acompanharam nosso conviver com Fátima.

Aqui ela nos conduz suavemente à prática da reflexão sobre nosso agir, ao pensar sobre o que buscamos na área de educação, sobre que caminhos podemos construir atuando com crianças. Ela nos permite conhecê-la, estar mais próxima dela, saber um pouco de sua história, sua caminhada, suas alegrias e decepções, sua garra e conquistas.

Sua prática tanto com os alunos como na orientação e supervisão de professores está relatada neste livro.

Nosso desejo é que, por meio da leitura deste livro, todos agora possam "saborear" os pensamentos, os ideais e a sabedoria generosa dessa grande profissional, educadora, mãe, mulher.

SONIA LÚCIA VILLABOIM DE CARVALHO
DEISE APARECIDA LUPPI

Prefácio

> O senhor... Mire veja:
> o mais importante e bonito, do mundo, é isto:
> que as pessoas não estão sempre iguais,
> ainda não foram terminadas —
> mas que elas vão sempre mudando.
>
> *Riobaldo*

Fui conhecer o Paulo Freire longe do Brasil, no México, em Cuernavaca, onde havia um lugar onde se reunia gente do mundo todo para pensar um mundo novo. De longe, no horizonte, um vulcão nos vigiava... Melhor teria sido se o lugar fosse nas encostas do dito. Então teria sido possível viver o conselho atrevido de Nietzsche: *"O segredo da maior fertilidade e do maior gozo da existência é: vivam perigosamente! Construam as suas cidades debaixo do Vesúvio!"*.

Nunca nos havíamos visto, eu e o Paulo. Ele dava suas aulas pelas manhãs. Eu dava minhas aulas pelas tardes. Aí os alunos ficaram curiosos: queriam saber se havíamos preparado nossos cursos de comum acordo, porque parecia que nossas aulas eram variações sobre um mesmo tema. Sem nos conhecer já nos entendíamos. Daí ficamos amigos, cada um improvisando a sua música e combinando sempre, como se fôssemos um duo de *jazz*, embora isso não combine nem com um nordestino nem com um mineiro...

Agora, à semelhança do que aconteceu com o seu pai, me encontro com a Fátima, que me pediu para fazer um prefácio a este livro.

Esse pedido, acho que é porque ela me identifica com o pai... Acho que nos parecemos no coração e nas ideias. Além disso, minha idade está próxima à idade dele, quando ficou encantado.

Não gosto de ler prefácios. Os prefácios que li foram perda de tempo. Teria sido melhor que eu lesse o autor, sem palavras introdutórias. Mas ela me pediu. Não posso dizer não. Mas escreverei curtinho...

Começo dizendo que este livro não seria aceito em universidade alguma como dissertação de mestrado. Não se trata de ofensa. Um livro, para ser aceito como tese, tem de ter um corpo de vampiro, veias vazias de sangue próprio. Mas o livro da Fátima é escrito com o seu sangue. Ou, para usar sua própria palavra, é escrito com o seu "corpo". O corpo fala. E frequentemente fala contrariando o que a sua cabeça pensa.

Do princípio ao fim, a escritura é presidida por aquela mínima palavra que as etiquetas acadêmicas proíbem: "eu". Texto acadêmico não pode ter sujeito. Não tendo sujeito ele fala sozinho, para todos ou ninguém. Ele não tem o poder de iniciar uma conversa. Mas este livro é uma conversa. E é quase impossível não interromper a leitura para dar um palpite.

O título diz a sua filosofia: quem educa marca o corpo do outro. Isso vale também para um texto. O texto tem de marcar o corpo. Murilo Mendes escreveu no seu livrinho autobiográfico: *"Quando eu não era antropófago — quando eu não devorava livros — pois os livros não são escritos com a carne e o sangue dos que os escrevem?"*.

Sabia disso o Anjo que, ao dar um livro ao vidente de Patmos, ordenou-lhe que o comesse e não que o lesse. O livro tem de se transformar em sangue de quem o lê.

E isso vale para toda uma filosofia de educação. Informações podem ser transmitidas pensamento a pensamento. Mas a educação acontece numa outra relação: um corpo toca o corpo. Aquilo que se sabe conscientemente é importante e pode ser usado como ferramenta para manipular o mundo. Mas o corpo não entende a linguagem que a cabeça fala. Bem disse Barthes que as ideias do seu corpo eram diferentes das ideias da sua cabeça...

A Fátima usou a palavra "modelo", palavra que pode causar arrepios em educadores cerebrais. O educador como modelo? Eu concordo com ela. Vivemos à procura de espelhos. O desejo de aprender, no aluno, brota de sua relação afetiva com a professora ou professor: o aluno deseja "apropriar-se" daquela imagem a que ele está ligado afetivamente. *"Não aprendemos com qualquer um. Para podermos aprender necessitamos, de certa maneira, sentir-nos identificados com aquele que nos ensina."*

Um educador não se faz apenas com o conhecimento dos saberes das ciências da educação. Ele se faz com qualidades tais como bondade, paciência, capacidade de ouvir o aluno em silêncio, sem dar respostas que matariam o seu pensamento, capacidade de sonhar os seus próprios sonhos e os sonhos dos seus alunos. Coragem de dizer: *"Não sei..."*. Porque aí o aluno aprenderá que o mestre é também um aprendiz.

Este livro é o corpo da Fátima falando. Resta-nos devorá-lo antropofagicamente e entrar na conversa...

RUBEM ALVES

Parte I

A busca do fio vermelho...

Percurso de vida

Nasci no Recife na Maternidade do Derbe, em pleno meio-dia, em 14 de abril de 1949. Vim ao mundo para ocupar o lugar da terceira filha dos meus pais e ao mesmo tempo para conhecer minhas duas irmãs já existentes, que também, *igual que eu*, são Marias. Assim éramos chamadas pelos meus pais, as suas três Marias — Madalena, Cristina e Fátima.

Por oito anos ocupei o lugar de filha caçula, o qual me foi retirado com a chegada de meu irmão Joaquim. Muito esperado por meus pais pelo fato de ser um menino e também pelos outros irmãos que vieram e não ficaram. Dois anos depois chegou meu irmão Lutgardes, que veio a ocupar definitivamente o lugar de caçula da família.

As lembranças da minha infância no Recife têm cheiro de mar, gosto de manga espada na boca e o som do vento brincando nos coqueirais da praia de Rio Doce.

Desde cedo vivi cercada de cores e cheiros fortes, como toda criança nordestina, e assim vivi até meus 15 anos, quando tivemos de sair do Recife e em seguida do país com o golpe militar de 1964.

Vivi dezenove anos da minha vida fora do meu país. Vivi em oito países diferentes, tenho cinco línguas no corpo... e, às vezes, sinto dificuldades de conciliar tudo isso dentro de mim. Voltei definitivamente para o Brasil em 1982, já mulher casada e mãe dos meus dois primeiros filhos. O primeiro polonês, o segundo americano. No entanto, consegui ter o terceiro e *a quarta* no Brasil.

Terminei meus estudos secundários no Chile, em Santiago. Meu percurso universitário se deu nos mais diferentes países: Suíça, Portugal, Polônia e, por fim, o Brasil. Fui filha da PUC de São Paulo.

Sempre trabalhei com educação e acredito que não conseguiria permanecer muito tempo longe dessa área. Tenho paixão intensa pelo que faço e vivo apaixonadamente meu "que fazer" na educação.

Fui durante muitos anos uma das proprietárias e diretora pedagógica da escola *O Poço do Visconde*, de onde guardo minhas melhores experiências e aprendizado de ser educadora.

Hoje vivo em São Paulo e trabalho exclusivamente na Formação de Educadores dando cursos, assessorias, supervisões pedagógicas e coordenando grupos de estudo de reflexão sobre a prática pedagógica.

Sobre o desejo de escrever

Ultimamente, ando percebendo uma mobilidade no meu corpo que não conhecia. Descubro que estou me permitindo viver, no ato da escrita, a mesma sensação que invade meu corpo no ato da fala.

Quando falo, sinto-me como se estivesse dançando frevo nordestino rodopiando no salão; às vezes tango na sua dramaticidade e sensualidade; às vezes valsa na doçura dos corpos envolvidos; e, por fim, merengue e salsa ao mesmo tempo que velam e desvelam meus gestos... Só os meus? De quantos outros ou outras? Não sei!

No desconhecimento da minha própria pessoa, melhor dito, das minhas interdições, eu acreditava que só conseguia me sentir livre e solta nos momentos de fala, de oralidade... Ando me perguntando o que aconteceu comigo, mais especificamente com minha mão. Ela, agora, anda afoita e enxerida, simplesmente se permitindo tirar as palavras para dançar com elas no papel. É gozado, mas é quase como se houvesse uma associação fala/corpo, que abre ala, dá passagem para mão/escrita, que invade, penetra e ousa marcar o papel.

Na minha fantasia sempre quis escrever um livro sobre educação que fosse leve, tivesse movimento, vida, e ao mesmo tempo pudesse desafiar o leitor a refletir sobre assuntos sérios sem o peso da Academia.

Quando me pergunto sobre o desejo de escrever que trago no meu corpo, sei que não é de hoje que ele existe; ele vem há muito tempo se configurando e ganhando espaço dentro de mim. Esse desejo vem vestido de alegrias e tristezas, de medos e inseguranças, de barulho de mar, de praias de areia e espuma branca, e, sobretudo, de coqueiros e de cheiro de sargaço tão característico das praias nordestinas.

Hoje sei que, na verdade, ele vem fundamentalmente vestido do meu próprio desejo de me libertar. Libertar-me do peso de ser filha de pai famoso, libertar-me do peso de ter de corresponder às expectativas dos outros, libertar-me justamente de "ter de...", para tentar simplesmente ser eu mesma.

No entanto, sinto meu corpo repleto de contribuições que podem ajudar, e muito, numa nova forma de pensar a educação. Considero que tenho um compromisso ético comigo mesma de "pôr para fora" tudo o que tenho dentro de mim que possa servir para nortear e ajudar os que estão no mesmo caminhar em que estou.

Quando a criança que era
Ainda era pequena
Costumava correr livre e solta pela beira-mar.
Sem beira nem eira
Ela sempre corria para a espuma pisar,
E foi pisando espuma branca
Que aprendeu a desenhar e brincar...
Ficava parada pensando
Que sua mão deveria, poderia,
Sair sozinha pelas folhas em branco
A marcá-las com a leveza da água
Ou a força do facão.
Como se o papel fosse gente
E simplesmente
Pudesse sentir a textura dele na sua mão.

Sobre "curiosear"

Quando olho pelo jardim que vejo através da janela do meu salão, meus olhos se detêm nas belas folhas verdes de uma bananeira... e me deixo, então, ser levada para os quintais da minha infância no Recife, onde fiz, construí, várias bonecas de folhas de bananeira.

Esses momentos de criação foram muito importantes na minha infância, porque me ensinaram o gosto pela liberdade no ato de criar. Descubro agora, muito sem saber, que eu já exercitava naquele então minha capacidade de imaginar antes de criar.

Hoje, vejo como realmente sem imaginação não existe criação. Talvez seja por ter vivido essa experiência que dou tanta importância à imaginação no processo de formação do educador...

Sem imaginação, a capacidade de sonhar roda ladeira abaixo sem nada que a detenha para lhe dar forma. Sem imaginação, não conseguimos nos colocar no lugar do outro para ousar sentir o que ele sente, para ousar trocar de lugar com ele. Sem imaginação, nossa capacidade de brincar, de olhar, de sentir, fica limitada e perde a capacidade de alçar voo. Só vemos o que é possível ver; o interessante é poder ver o que não dá para ser visto.

Sempre acreditei que a imaginação deve ser muito amiga da curiosidade. Não sei por que, mas, quando penso nelas, sempre imagino as duas juntas, levando o maior papo! Pergunto-me sobre a forma como a curiosidade entrou na minha vida. Ela entrou sem sequer pedir licença... e instalada encontra-se até hoje. Desde muito cedo fui estimulada pelos meus pais a "curiosear" sobre os objetos e o mundo ao meu redor.

Sempre fui muito perguntadora e irrequieta para saber sobre o porquê das coisas. Na verdade, como toda e qualquer criança, o que eu buscava era saber sobre a origem das coisas e o que as pessoas queriam de mim.

O desconhecido sempre me atraiu muito quando criança e ainda hoje, como mulher madura. Talvez porque viesse junto com ele uma sensação deliciosa que invadia e ainda invade hoje todo meu corpo quando me experimento descobrindo o novo, apropriando-me de coisas que antes não sabia fazer, ou que não as conhecia.

Acredito também que grande parte da minha forma curiosa de estar no mundo hoje veio da experiência de ter tido a possibilidade de "curiosear" na bolsa da minha mãe, quando criança ainda pequena. No entanto, o que mais me marcou nas aventuras na bolsa da minha mãe foi nunca ter sido interditada, mas sim orientada na busca da satisfação da minha curiosidade.

Aprendi desde cedo a classificar os objetos que ela levava na sua bolsa. Aprendi rápido e sem problemas, já que aquela experiência estava totalmente encharcada das águas da afetividade. Portanto, carregada de significados para mim e para ela. Veio também a marcar meu corpo alimentando-o para continuar sendo curioso no aprendizado de fazer perguntas.

Fui iniciada no ato de aprender a perguntar por meio das respostas recebidas às minhas incansáveis perguntas infantis. No entanto, descubro hoje que o mais importante nessa aprendizagem foi a capacidade de escuta dos meus pais às perguntas com as quais eu literalmente os bombardeava e, sobretudo, o espaço que tinha para poder perguntar.

Outra porta de entrada da curiosidade na minha vida foi, sem dúvida, minhas brincadeiras infantis. Muitos brinquedos foram quebrados, para descobrir como funcionavam, ou para saber o que escondiam.

Não me esqueço da sensação deliciosa que invadia todo o meu corpo quando ficava horas a fio escondida no mato sem fazer barulho para ver se o passarinho entrava no alçapão. Não me esqueço da expectativa da espera para saber que tipo de peixe tinha comido a isca no meu anzol, tão frágil ela como os peixes que eu pescava.

Percebo hoje como a curiosidade faz parte da minha atuação pedagógica como educadora quando estou formando professores. Curiosidade para saber como pensam, como se sentem, do que gostam, do que têm medo, o que conseguem fazer sozinhos e em que ainda necessitam de ajuda. Curiosidade que, quando não existe no corpo daquele que educa, faz com que o corpo do outro, pouco a pouco, murche e fique sem vida. E corpo sem vida é corpo triste, é corpo que está fechado para o desejo e o sonho.

Sempre acreditei que aqueles que enveredam pelo caminho da educação não deveriam de forma alguma perder o contato com sua criança interna. Educador que deixa sua criança interna morrer corre o risco de não conseguir enxergar nem entrar em contato com a criança interna daquele a quem educa. O desafio do educador que está de corpo vivo e aberto para o mundo é justamente o de manter sempre sua criança interna viva, para poder continuar a aprender a olhar o mundo, as coisas, as pessoas, os animais, como as crianças olham.

Ao longo dos anos de trabalho com educadores, fui aprendendo a reconhecer aqueles que já tinham deixado morrer sua criança interna, aqueles que a tinham simplesmente adormecida. Um dos indicadores de leitura que ao longo do tempo fui desenvolvendo foi o de aprender a ler o corpo e o olhar dos educadores.

Corpo que tem criança interna viva é corpo irrequieto e não parado, é corpo solto e não amarrado, é corpo falante e não mudo. Olhar de quem tem criança interna viva é olhar cheio e não vazio, é olhar brilhante e não opaco, é olhar direto e não evasivo.

Foi assim que passei a dar importância aos corpos e aos olhares de professores em seu processo de formação, com a intenção de trabalhar o acordar da criança interna daqueles que a tinham dormindo e de "engravidar" aqueles que a tinham perdido.

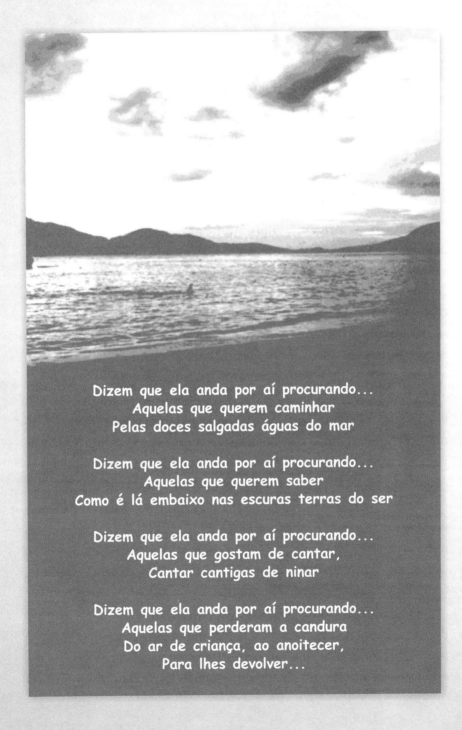

Dizem que ela anda por aí procurando...
Aquelas que querem caminhar
Pelas doces salgadas águas do mar

Dizem que ela anda por aí procurando...
Aquelas que querem saber
Como é lá embaixo nas escuras terras do ser

Dizem que ela anda por aí procurando...
Aquelas que gostam de cantar,
Cantar cantigas de ninar

Dizem que ela anda por aí procurando...
Aquelas que perderam a candura
Do ar de criança, ao anoitecer,
Para lhes devolver...

Sobre o lugar de origem

O lugar de origem é algo muito importante na vida de uma pessoa. Somos todos, de certa forma, determinados, alimentados e norteados por esse lugar. A origem dorme um sono gostoso no nosso corpo. E, no entanto, é interessante como algumas situações, odores, cores ou luzes costumam acordá-la com muita facilidade... E mesmo se não estamos fisicamente distantes do nosso lugar de origem as saudades nos invadem. Saudades do que fomos e de onde viemos, que nos remetem a nossos primeiros anos de infância.

Quando penso no meu lugar de origem, sou invadida pela gostosura que é ser e me sentir nordestina. Pelo meu gostar de cheiro de mar misturado com o cheiro de sargaço que só existe no Nordeste. Pelo barulho do vento nos coqueiros da praia que embalou meus sonhos de criança e, hoje, embala os da mulher adulta.

Descubro, também, que os dezoito ou dezenove anos de exílio vividos fora do meu país não foram suficientes para arrancar de mim minhas raízes. Nem a alegria que me veste por inteiro quando chego ao Recife e sou sempre recebida por um cheiro forte de terra, de gente. Cada lugar tem seu cheiro. E o do Recife é especial para mim.

Hoje percebo como o aprendizado de amar o Recife foi profundamente influenciado pela figura dos meus pais. A esse, juntam-se outros aprendizados que também marcaram meu corpo de criança e se transformaram em legados que fazem parte da minha história de vida.

Escolho a expressão "aprendizados que marcaram meu corpo" por acreditar que *quem educa marca o corpo do outro*. Porque o que é educar senão ter ousadia, coragem e generosidade amorosa de interferir no processo do outro?

De adolescente, tive de aprender a ser filha de pai famoso. Confesso que não foi aprendizagem fácil. No entanto, na maioria das vezes me sinto privilegiada em poder ocupar esse lugar, mesmo sabendo quanto é difícil e pesado ser... uma das suas filhas.

Esse aprendizado foi um dos mais importantes que experienciei com meus pais, já que me possibilitou a descoberta da importância de não deixar de ser eu mesma, mesmo sendo filha deles. O que guardo dentro de mim de lembranças desse processo é o sentimento de ter podido ser enxergada como eu estava tentando ser e, sobretudo, sentir que eles acreditavam em mim.

Outra marca importante foi aprender a ser generosa. Aprendi que não é possível ser generosa com o outro se não consigo ser comigo mesma e que exercito essa capacidade quando realmente escuto, quando crio dentro de mim espaço para o outro, porque acredito nele como pessoa humana. Foi assim que o diálogo entrou na minha vida, na minha forma de estar no mundo, pela porta do aprendizado da generosidade.

Educar minha curiosidade, minha forma paciente e ao mesmo tempo impaciente de estar no mundo, de não permitir que o medo imobilize meu corpo, de não perder minha capacidade de indignação e de espanto ante as coisas tanto belas como feias do mundo são exemplos de desafios vividos ao longo do meu aprendizado de ser filha de quem sou.

Contudo, de todas as marcas que carrego no meu corpo, a que fala mais alto é a do amor à vida e ao ser humano, que faz com que me identifique e me comprometa com uma filosofia de educação que opta pela transformação e pela vida.

Ela não sabia de onde vinha
Aquela força pungente
Vestida de cheiro de terra quente.
Descobriu que era seu ventre,
Ventre de mulher...

Mulher das profundezas e das entranhas
Que se embrenham e se prenham

Penetrou na escuridão, sem esperar...
Que por ela viessem buscar.
Terras longínquas foi percorrer
Vales abertos viu aparecer
Rios profundos navegou,
E voltou...

Com alegria nos olhos
Que só a liberdade pode conter
Alegria doida, desvairada,
Que a engolia, envolvia,
Endiabrada alegria
De estar viva e viver...
Até para poder morrer.

Sobre o aprender a escutar

Lembro-me de ter lido, muitos anos atrás, um livro de um psicanalista, Denis Vasse,[1] que me marcou enormemente por esta imagem que o autor traz: "Quando o umbigo se fecha, a boca se abre...".

Essa singela frase simplesmente enviesou meu próprio corpo naquele então, e o enviesa até hoje, pelo fascínio e espanto que senti ao saber que é pela voz que nosso corpo descobre e confirma que não é mais extensão do corpo do outro. Ou seja, nosso corpo é simbolizado pela voz dos nossos pais. Dessa forma, somos marcados desde cedo pela força da palavra, que nos introduz no mundo dos significados.

As lembranças que tenho de como fui iniciada no aprendizado da escuta e, por conseguinte, da fala, estão ligadas à voz do meu pai, que preparava meu corpo irrequieto, que não queria dormir, ao som das suas cantigas de ninar.

De certa forma, acredito que a escuta se tornou algo de prazeroso e importante na minha vida de educadora por ter sido *significada* pela voz de acalanto do meu pai. Aprendi a *significar* a gostosura que era me sentir amada, naqueles momentos, ao sentir que ele dedicava seu tempo a mim.

Coisa fantástica é a memória corpórea... sua capacidade de se fazer presente, viva, gerando movimentos, gestos e gostos que vêm de um tempo que acreditávamos esquecidos... E, no entanto, a nossa memória afetiva se encarrega de nos trazer tudo de volta.

---

1. VASSE, D. *O umbigo e a voz*. São Paulo: Loyola, 1977.

Fui iniciada também no ato da escuta por minha mãe; cedo ela me pôs nas malhas, nos fios, do possível texto do outro. Já pequena eu me exercitava nos enredos das redes de significados que me invadiam e, de certa forma, eu me via levada a sempre *ressignificá-los*.

Pergunto-me se não data dessa época meu prazer de brincar com o simbólico, meu fascínio, minha paixão, minha curiosidade sobre as coisas não ditas e as ditas além do querer dizer. Essas vivências da minha infância marcaram tanto meu corpo que a sensação que tenho é a de que, às vezes, ainda hoje, eu vejo com os ouvidos e escuto com os olhos... Sensação estranha? Sim, talvez, mas gostosa de ser vivida. Foi assim que o aprendizado do ato de escutar entrou na minha vida, fazendo parte da minha história e da minha forma de estar no mundo.

O ato de escutar o outro é hoje para mim, como educadora, uma das primeiras posturas pedagógicas que trabalho com o educador no seu processo de formação. Descubro e redescubro sempre com cada novo grupo que formo, pelas resistências encontradas nos diferentes e inúmeros corpos nos quais já "pus a mão", que é uma tarefa difícil.

Pergunto-me constantemente o porquê da nossa dificuldade de escutar realmente o outro. Que acontece com nossa capacidade de escuta? Falta de paciência? Falta de curiosidade pelo outro? Falta de tempo? Falta de espaço interno?

Nas minhas andanças pelas escolas, o que tenho visto são corpos sempre tão apressados que não conseguem parar para escutar. Na maioria das vezes são corpos que, além de estar sempre apressados, estão tão "cheios", talvez de si mesmos, que se encontram impossibilitados de construir espaço interno para a escuta do outro.

Se quisermos escutar o que o outro tem a dizer, temos de estar com nosso corpo "vazio" para poder recebê-lo e, dessa forma, ser depositário da sua fala. "Corpo cheio" é corpo sem espaço para o outro; o outro sobra, está a mais. Fica como se estivesse a ver navios que nunca ancorarão no porto.

É por meio da escuta da fala do outro que o educador realiza sua intervenção. Sem intervenção no processo do outro, o ato de educar perde seu sentido e cai no vazio. No entanto, o mais complicado é que a caída no vazio no processo de marcar o corpo do outro não está unicamente atrelada ao ato de intervir ou não. Podemos intervir e, mesmo assim, constatar a caída no vazio da nossa intervenção.

Portanto, para que nossa intervenção crie forma no corpo do educando, é preciso que exista um saber não só sobre sua história de vida, como também sobre seu aqui-e-agora que está a viver. É preciso que exista um estar com o outro.

Se o ato de escuta é percebido e exercitado como instrumento metodológico de trabalho, o educador tem condições de realizar uma leitura mais adequada sobre as necessidades daquele a quem educa. Aprender a escutar o corpo do outro está relacionado com o aprendizado do diálogo.

Sem escuta não existe diálogo. O diálogo requer troca, requer espaço interno, curiosidade amorosa e disponibilidade para o outro. Não sei bem o porquê, no entanto sempre associo um corpo dialógico a um corpo generoso e com mobilidade. Generoso, para crer que o outro tem o que dizer, tem contribuições a dar. Mobilidade, para poder criar espaços, dar cabida ao outro corpo. Dialogicidade e generosidade são amigas íntimas na minha fantasia. Uma alimenta a outra, são parceiras.

Às vezes me pego sozinha observando os corpos das pessoas e fico fascinada ao descobrir o quanto eles falam. O quanto dizem, às vezes, o que não querem dizer, ou, quem sabe, o que não ousam dizer pela fala. Por isso, de certa forma, aprender a olhar o corpo do outro traz consigo o aprendizado de aprender a escutá-lo, a observá-lo.

O aprendizado da escuta, por sua vez, está relacionado com o da fala. Quando o corpo está aprendendo a escutar, ao mesmo tempo está apreendendo a estrutura da oralidade da língua pelo discurso do outro. Dessa forma, vai construindo sua intimidade com a oralidade. É essa intimidade que possibilita a busca de uma oralidade própria, de uma forma de falar única por anunciar/denunciar o sentir, o perceber como cada um está no mundo e se sabe nele.

A escuta é tão importante quanto a fala porque ambas, quando bem equilibradas, possibilitam o aprendizado do silêncio. Corpo falante em excesso é corpo que não experienciou situações de escuta, de ser contido; foi pouco marcado pelo silêncio do outro, teve menos chance de poder *significar* o silêncio, de poder descobrir que existem diferentes tipos de silêncios. Como, por exemplo, o "silêncio falante", o que tem força de marcar o corpo justamente pelo não dito. Sem a experiência do silêncio, fica difícil percebermos a importância e a necessidade do momento da fala quando estamos educando.

Sempre me pego refletindo sobre o poder da fala, da palavra na educação. E, às vezes, fico me perguntando se não construímos, de certa forma, um "império da fala" nas escolas. Gostaria mais se tivéssemos construído um "império dos sentidos"! Na verdade, devo admitir que não gosto muito da imagem de império... No entanto, é a que me veio a esse momento, enquanto escrevo.

Brincando comigo mesma, acho que o gostoso mesmo seria se pudéssemos juntar esses dois impérios, o da fala e o dos sentidos, para possibilitar a todos a quem queremos educar a delícia do aprender a falar e do aprender a expressar seu sentir.

Ela foi iniciada ao ato da escuta por sua mãe...
Já desde cedo a pusera nas malhas, nos fios,
Do possível texto do outro,

Nos enredos das redes de significados que a invadiam
De certa forma se via forçada, levada,
A sempre *ressignificar*...

Foram muitos anos sentada no tear, a fiar
Os seus dedos o conheciam só no toque,
Os fios que estavam a tecer...
Podiam até sua história contar,
Seu cheiro sentir, sua cor imaginar,
Sua forma representar...

Suas telas eram feitas com os fios da vida
Que ela guardava dentro de si.

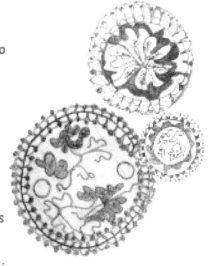

Noites de não dormir...
Procurando o fio vermelho, que não
conseguia encontrar.
E os fios de seu tear começaram
a se configurar
Numa trama de quem ama
E não quer parar...

São cores claras, limpas e quentes
Do amor que tudo irradia e adia,
Sem tempo marcado para acabar...

O ato de perguntar

Tenho percebido por meio dos variados encontros com educadores o quanto a postura de fazer perguntas não é prática muito comum entre nós. E, no entanto, deveríamos ser especialistas na arte de perguntar. Na verdade, o que acontece com muitos de nós é justamente o contrário: terminamos nos tornando grandes especialistas na arte de dar respostas.

Que acontece conosco que, na maioria das vezes, quando ousamos perguntar, perguntamos sobre aquilo que já sabemos e não sobre o que não sabemos? É como se perguntássemos unicamente para confirmar o nosso saber e conferir o saber do outro.

Às vezes imagino que o que nos move a fazer esse tipo de pergunta não é a curiosidade para aprender algo e sim o desejo de desvelar o não-saber do outro. Somos movidos nesses momentos pelo que eu chamo de "falsa curiosidade".

O aprendizado do ato de perguntar não se dá de forma isolada no processo de formação do educador. Sempre percebi o ato de perguntar ancorado a outras vivências que, de certa forma, facilitam ou dificultam esse aprendizado.

Hoje percebo quanto o ato de perguntar transformou-se, na minha prática, num instrumento metodológico de trabalho que me possibilita criar e ao mesmo tempo entrelaçar os fios do tecido da minha prática pedagógica.

Será que não existe também um entrelace entre o aprendizado da fala e o da pergunta? Aprendo a perguntar mediante o aprendizado de aprender a falar. Fica difícil aprender a perguntar quando não se vivencia o aprendizado de dizer a própria palavra.

Quando não podemos exprimir o que realmente pensamos, sentimos e até mesmo o que não sabemos, como é possível aprender a perguntar? As perguntas normalmente surgem em momentos de dúvidas, em momentos de reconhecimento ou readequação do nosso discurso.

E se esses momentos são escassos, para não dizer inexistentes na nossa prática pedagógica, como e onde podemos aprender a formular perguntas? Como e onde podemos aprender a formular perguntas se nossos corpos estão sendo constantemente preenchidos por respostas de outros para tudo e para qualquer situação/problema? Como e onde podemos aprender a formular perguntas se não podemos expor nossas dúvidas, se não podemos dizer que não sabemos?

Será que ter respostas prontas para nossos educandos não está anunciando/denunciando que não nos permitimos entrar em contato com nossos não-saberes? Não sei. Talvez sim, talvez não! O ato de aprender a perguntar requer a existência de um ambiente de confiança entre educador e educando para que ousem trazer seus não-saberes, ao mesmo tempo que exige que aquele que educa viva, na prática, a compreensão do erro como possibilidade de acerto.

Fico imaginando se a pobreza de certas práticas pedagógicas não estaria relacionada justamente ao fato de o educador viver sua prática sem se indagar sobre ela. Sem se perguntar o porquê da necessidade dela. Sem relacioná-la ao momento específico que está a viver conforme o contexto no qual possa estar inserido, perdendo, assim, a possibilidade de *significá-la*.

No entanto, para que o educador possa indagar-se sobre sua prática, é necessário que exista outro que o questione. Outro que o mobilize, o sensibilize nessa direção, nessa busca.

Menina pequena, pequena menina
Que corre na direção do mar...
Me diga para onde você quer viajar...
Eu quero viajar para onde eu possa me arriar
Me arriar com o ar de quem ri a gargalhar!

Menina pequena, pequena menina
Que corre na direção do mar...
A quem eu devo chamar?
Chame lá meu pai, que eu quero
com ele falar.
Falar do lar e do luar, de quem
gosta de dar.
Falar do amor que recebi no andar.
Falar do sentir, sem mentir, para ir...

Menina pequena, pequena menina
Que corre na direção do mar...
Que direção eu devo tomar?
Tome aquela, que não tem ela...
Para com você ficar...
Tome aquela, da goela...
Que você sabe falar...
Tome aquela do seu eu...
Que corre na direção do mar...
Tome aquela da paixão, da mão,
do seu coração...
Que faz a ação você lembrar.

Do ato de se preparar para receber o outro

Uma mulher que vai ser mãe prepara-se nove meses para receber seu futuro filho. Todo o seu corpo se transforma, gerando momentos de reconhecimento e de desconhecimento do corpo conhecido. Não é por acaso que nós mulheres necessitamos desses nove meses para viver tal processo. A natureza é sábia ao dar-se conta dessa nossa necessidade, prodigalizando-nos esse tempo.

Penso muitas vezes sobre as fantasias que podem vestir o corpo da mulher grávida durante o processo de preparação para receber o outro. Como ela vive esse processo? Ela sente o outro como intruso ou como alguém que já faz parte da sua vida? Como reage ao novo corpo que se gesta dentro do seu? Tem cabida? Consegue criar espaço para que permaneça? Pergunta-se se será "suficientemente boa" para cuidar de outro que não de si mesma?

Durante esse processo de preparação, nosso corpo revive sem querer, de forma inconsciente, as marcas que nele foram deixadas, as marcas de como fomos recebidos pela primeira vez. Daí a relação tão intensa entre o ato de se preparar e o ato de receber. Assim, todo aquele que recebe o outro pode marcar o corpo deste com alegria, desejo, amor, ódio ou raiva. O preparar-se para receber o outro está encharcado do aprender a esperar. E do quanto às vezes essa espera pode parecer longa ou não, dependendo de como está nosso corpo.

Quando criança, eu adorava ficar sentada escutando as mulheres conversarem. E foi assim que escutei uma vez o seguinte comentário de uma delas: "Fulana está esperando já o terceiro filho...". Lembro que fiquei a me perguntar: Como assim? Esperando? Ele(a) por acaso já existe, e vai voltar? Ficava imaginando alguém batendo na porta para poder entrar.

Coisa bonita é o pensar fantasioso de criança. O mais interessante é que, na verdade, nenhuma fantasia se dá no vazio, sem o suporte de um conhecimento prévio. De certa forma, eu já intuía que quando uma criança chega ao mundo, simbolicamente falando, ela bate mesmo na porta para poder entrar. O que não me lembro é por que naquele então ainda não tinha a curiosidade de saber sobre como ela tinha entrado!

Sorte a minha de não ter sido informada sem ter perguntado. Pois seguramente meu corpo ainda não estava preparado para receber tal informação. Acredito que o corpo é sábio... Sempre anuncia/denuncia o quando e o que quer saber; é só escutá-lo, percebê-lo, conhecê-lo.

Mas, na verdade, o que queria dizer é quanto o ato de esperar, para mim, tem a ver com coisa de ser mulher. Vocês já viram homem esperando? Espera é coisa do mundo feminino... Do quanto ela (a espera) tem a ver com a capacidade de suportar a ausência. Aquela que espera dá forma à ausência, configura-a, usa o tempo da espera para aprender a lidar com o vazio. Esperar tem a ver com ter paciência e tempo interno para sonhar, enquanto se espera.

Uma imagem que me vem sobre o ato de esperar é a de quando eu era pequena... As horas em que permanecia sentada no batente do portão da minha casa, em Casa Forte, no Recife, à espera da volta da minha mãe... Brincava comigo mesma, fechando os olhos e contando até cinco para, em seguida, abri-los e ver se a divisava na esquina da rua. Virá daí, talvez, o fascínio que as esquinas exercem no meu corpo até hoje? Honestamente, não sei! Só sei que continuo uma eterna apaixonada por esquinas e por encontros.

O preparar-se para receber o outro tem a ver com a quantidade de vida que tenho dentro de mim e, por conseguinte, com o quanto eu quero dividi-la com o outro. O receber o outro, tendo-se preparado para ele, é um ato de amor e ao mesmo tempo anuncia/denuncia o tipo de vínculo que quero construir. Daí a importância do primeiro encontro. Este sempre marca, sempre abre ou fecha possibilidades de se transformar realmente em um encontro, ou em um desencontro.

Às vezes, penso que quando estamos educando estamos, de certa forma, preparando os corpos daqueles a quem educamos para viver da melhor forma possível seus encontros e desencontros com a vida, com as pessoas, com o mundo.

Pego-me perguntando a mim mesma: Como fui educada para meus encontros e desencontros? Que lembranças vêm ao meu corpo? Lembro-me bem do quanto tive de ser "preparada" por meus pais para o famoso encontro com meu irmão... Digo "famoso encontro" porque, simplesmente, ele vinha me desbancar de um longo período de reinado de oito anos de filha caçula!

Aprendi a gostar dele antes da sua chegada, graças ao espaço criado pelos meus pais para que eu pudesse falar da raiva que sentia por ele existir e querer vir ao mundo. Coisa ousada a de preparar o corpo do outro para gostar, tomando-se como ponto de partida a raiva sentida! E, no entanto, foi por meio dela, podendo reconhecer que a sentia, que pude aprender a gostar do meu irmão antes de conhecê-lo.

Essa experiência que vivi quando tinha doze anos me foi extremamente rica quando tive de "preparar" o corpo do meu primeiro filho, doze anos depois, para receber seu irmão que também veio ao mundo, entre outras coisas, para desbancar seu reinado de oito anos de filho único! Coincidência? Honestamente, não sei! O que sei é que me senti extremamente privilegiada em poder ter a oportunidade de reviver naquele momento, no papel de mãe, uma experiência que tinha marcado meu corpo quando estava no papel de filha.

Foi nesse momento que descobri o quanto a minha forma de me experienciar o ser mãe estava tão intimamente ligada à forma como tinha vivido o ser filha. Esse é um momento muito importante porque é quando descobrimos que podemos ser iguais a nossas mães e diferentes delas, permitindo-nos, dessa forma, recriar o modelo materno e não unicamente copiá-lo. Tarefa fácil? Nunca acreditei que fosse; no entanto é possível de ser realizada.

Hoje sei que minha opção por um tipo de educação que tenha o corpo como sujeito do processo de aprendizagem vem da minha infância, da forma como meu corpo foi introduzido no mundo pelos meus pais. De como fui ensinada a olhá-lo, a senti-lo e, ouso dizer, a "cheirá-lo".

Gosto mais de usar a expressão "cheirar o mundo" do que "sentir seu odor". Talvez por ser nordestina e desde cedo meu corpo ter sido "visitado" por cheiros fortes de terra seca ao ser molhada pela chuva; cheiro de mangue, cheiro de sargaço de beira-mar. Meu corpo ficou encharcado dessas vivências e nelas me banho até hoje, porque fazem parte da minha história de vida. Assim, não poderia deixar de estar atenta ao corpo daquele a quem hoje educo, por saber que toda aprendizagem forçosamente passa pelo corpo daquele que aprende.

E quem fala de corpo fala de história de vida. Das marcas que cada um traz consigo. Por essa razão, sempre dei muita importância ao resgate da história de vida do educador no seu processo de formação. Aqueles que trabalham com educação deveriam ter como desafio principal educar sua ação, seu corpo, na direção da vida. Educação deveria ser sempre vida e nunca morte. Mas, para ser vida e não morte, temos de acreditar que somos capazes de aprender, de criar, de amar, de sonhar, de desejar, como também de odiar e de se rebelar.

Tudo isso tem a ver com a forma como o corpo de cada um foi marcado, com sua história de vida, que deve ser resgatada para poder ser entendida, transformada e enriquecida.

Açúcar mascavo, do cravo,
Da ave,
Que canta na árvore em flor.
Roxo é meu amor...
Paixão pela vida, ardor de viver e ver crescer.
O plantado, quando semeado
Alegria simples do viver,
Sem pressa para colher
Corria solta...
Pois livre se encontrava
Para novamente viver o que acreditava
Pelos bosques sem caminho
Que levam sempre a algum lugar,
Corria...
Para finalmente poder parar.

Sobre parceria

Quando deixo o meu corpo livre e solto:

- para ir à procura do outro sabendo que estou correndo risco de poder ser ou não recebida,
- para poder reconhecer o sentimento de necessidade da presença do outro,
- para poder reconhecer que o outro sabe coisas que eu não sei,
- para poder reconhecer que sei coisas que o outro não sabe,
- para me deixar sentir a mim mesma e, assim, sentir o outro,
- para que possa tecer com os fios da vida do outro,
- para que possa escutar a voz abafada, o silêncio ou o grito do outro,
- para que possa perceber a imobilidade e rigidez no corpo do outro e no meu,
- para chorar, rir e gargalhar,
- para ser generosa com o outro,
- para que possa simplesmente ser eu mesma,
- para que o outro possa ser ele mesmo,

estou sendo par com o outro.

E, no entanto, sempre me pergunto o porquê de nossa dificuldade de deixar nossos corpos fluírem livres e soltos. Fico às vezes imaginando que tipos de marcas cada um de nós traz no corpo que nos fazem perder a liberdade e soltura de nossos movimentos.

Daí a importância que ganha o aprender a *ressignificar* as marcas que carregamos no nosso corpo. Penso que talvez o mais difícil não seja o aprendizado de *ressignificar* as marcas, mas sim a coragem de reconhecê-las e localizá-las no nosso próprio corpo — já que a descoberta e, portanto, a localização delas gera sofrimento, o que, de certa forma, obriga-nos a entrar em contato com nossa sombra, com nosso lado desconhecido e escuro. Sombra essa e escuridão que preferimos que seja do outro e não nossa!

Sempre associei *parceria* com *individuação*. Acredito que esses dois conceitos na minha fantasia são gêmeos univitelinos. Ou seja, o que um sente o outro ressente... Isso porque se não permito a mim mesma ser o que estou sendo, se não assumo meu próprio desejo de querer ser o que estou sendo, como posso ser *par* com o outro? Como posso ter paciência respeitosa pelo tempo do outro, para que possa e queira ser *par* comigo?

Portanto, sem desejo de ser, sem clareza de por que quero ser par com o outro, sem generosidade, sem curiosidade pelo querer e sentir do outro, sem respeito a ele, sem lhe querer bem, não consigo ser par com ele nem, por conseguinte, encontrar par nele, porque talvez eu não esteja sendo par comigo mesma!

Marcas da primeira aula

Minha atuação profissional sempre foi na área de educação e voltada mais especificamente para o espaço escolar. Comecei a trabalhar muito tarde, só com 26 anos. E uma das tristezas que tenho, apesar de nos dias de hoje estar já incorporada no meu corpo, portanto me permito falar sobre ela, foi ter iniciado minha vida profissional como educadora fora do Brasil.

No entanto, foi uma experiência muito rica a que vivi na África Ocidental, mais concretamente na Guiné-Bissau. Comecei oficialmente minha caminhada como educadora nos anos de 1975/76, como professora do ensino médio no Liceu Nacional Kwame Nkrumah, em Bissau. Naquele então, vivia-se um momento histórico importante já que o país, após a conquista da sua independência de Portugal, estava mobilizado na construção da formação de novos quadros nacionais — sendo o grande desafio a formação do "Homem Novo".

O medo que senti quando tive de dar minha primeira aula não saberia descrevê-lo. Foi talvez um dos momentos em que meu corpo vivenciou com maior intensidade o tipo de medo não-sadio, aquele que tenta se apropriar do corpo da gente querendo imobilizá-lo. Falo de medo não-sadio porque acredito que exista outro tipo de medo que faz contraponto a esse, que é o que chamo de medo sadio. Este mobiliza nosso corpo para a ação.

Eu tinha medo porque, como toda latino-americana, minha formação acadêmica tinha sido dicotômica. Ou seja, fui também formada tendo de separar a teoria da prática — fato este que me exigiu sempre um exercício muito grande de tentar superar os vazios deixados no meu corpo por tantas teorias sem nenhum suporte concreto que me possibilitasse dar forma a elas. Foi assim que me vi diante do desafio de dar aulas de psicologia e de filosofia aos três primeiros anos do ensino médio. E simplesmente eu não sabia como fazer isso.

A única coisa que sabia era que, após tantos anos de estudos universitários, em diferentes áreas e em diferentes países, tinha o corpo mais do que repleto de conhecimentos, mas ao mesmo tempo sabia que a grande maioria deles estava desvinculada de uma vivência prática. Que fazer? Pânico total!

Fui levada, então, a aprender a ser generosa e humilde comigo mesma, quando me vi pela primeira vez diante de uma classe de 45 alunos. Confesso que, no início, a única coisa que conseguia enxergar era os noventa olhos esbugalhados em cima de mim a me fitarem... Céus! Como sair dessa enroscada?

Confesso que o que me salvou naquele momento — e tenho clareza disso até hoje — foi não ter encontrado outra alternativa senão dizer a verdade. A verdade que eu não sabia dar aulas. Que nunca tinha dado nenhuma antes. E que aquela seria a primeira. Então, eles teriam de ter um pouco de paciência comigo.

No entanto, hoje reconheço que, naquele momento, não foi atitude fácil de ser assumida. Digo isso porque eu sabia de antemão que a expectativa de cada dono daqueles quarenta e cinco olhos esbugalhados que me fitavam era justamente outra. Eles já sabiam que a filha do grande educador Paulo Freire iria ser a professora deles. A notícia já tinha corrido não só pela cidade inteira, como principalmente por todo o liceu.

O que mais me chamou atenção no momento foi justamente a reação do grupo — ficaram atônitos. O primeiro movimento que consegui ler vindo da classe foi justamente o não movimento dos corpos. Talvez pensaram que eu deveria ser uma brasileira meio louca ou, no mínimo, esquisita, por abrir daquela forma minha ignorância sobre meu não-saber dar aulas. Senti que eles estavam impactados com minha atitude.

Esperei um pouco mais e, finalmente, um deles se levanta e me faz a seguinte pergunta: "Camarada, é verdade mesmo que a camarada é filha do grande educador Paulo Freire?". Dessa vez, fui salva da situação difícil na qual a pergunta me colocou graças a uma brincadeira que costumo fazer comigo mesma, de sempre tentar agarrar o que está por trás do que o outro quer me dizer. Ou seja, brincar de buscar o sentido da pergunta do outro.

Na verdade, naquele momento, o que o "camarada" estava me perguntando era o seguinte: Como era possível que eu dissesse que não sabia dar aula se eu era filha do grande educador? Senti ainda que era como se eles duvidassem da minha filiação, a partir do momento em que eu não estava correspondendo à imagem que tinham feito antecipadamente da minha pessoa.

O que aconteceu no decorrer dessa aula marcou meu corpo para o resto da minha vida. Foi algo muito interessante já que, sem entender bem o que estava fazendo, me vi então a falar sobre minha história de vida, meu trajeto, minha infância no Recife, e pouco a pouco fui certificando-os com base em fatos concretos de que eu era, sim, uma das filhas do grande educador e, justamente por sê-lo, era que tinha tido a coragem e ousadia de dizer que não sabia dar aula. Ao mesmo tempo que os certificava de que era filha dele, certificava-os também de que eu era diferente dele... e de que não precisamos ser sempre iguais em tudo aos nossos pais.

Foi assim que fui introduzida no mundo do aprendizado de dar aulas. Foram muitas as marcas deixadas, portanto, no meu corpo do meu aprendizado de vida intensa e de descobertas que vivi na África. Algumas dessas marcas já se encontram hoje sistematizadas em mim e fazem parte da minha maneira de formar educadores. Da minha maneira de "pôr a mão nos corpos", como eu costumo dizer. Outras ainda não, e seguramente devem existir outras tantas que nem eu mesma até agora descobri. Até porque nós não descobrimos tudo de uma só vez.

A escola que imagino

Às vezes me pego imaginando como seria uma escola ideal. Começo, então, a brincar comigo dizendo a mim mesma:

Que bom seria se...

O aluno pudesse realmente gostar da escola, não ser mais um número na sala de aula, não ser avaliado por pontinhos aqui e acolá...

O aluno pudesse descobrir coisas que realmente atendessem a seus desejos, interesses, necessidades e curiosidades, segundo sua faixa etária...

O aluno pudesse ser informado dos problemas sociopolíticos do seu bairro e educado de uma forma que os estudos se integrassem a sua vida privada...

Que bom seria se...

A escola pudesse realizar projetos comunitários vinculados com a política educacional e social de cada região, cidade ou bairro...

A escola possibilitasse o aprendizado do ato de perguntar, para que crianças e adolescentes aprendessem a exercer sem medo uma postura curiosa e crítica perante as coisas do mundo...

A escola ensinasse sem tirar o prazer do ato de conhecer...

Que bom seria se...

As pessoas pudessem ser na escola como realmente o são, se na escola existisse diálogo franco e aberto entre seus frequentadores...

Na escola também se aprendesse a construir e a exercer a verdadeira cidadania...

Todos nós acordássemos e reclamássemos nossos direitos de cidadão!

Hoje, acho necessário pensar a educação numa perspectiva humanista. Ora, na verdade, a escola pode possibilitar um espaço de aprendizagem não unicamente racional, mas também corpóreo e emocional. Não há por que ter vergonha de viver o que se sente e deseja. Por isso, posso desejar uma escola que não seja local somente de fala, de discursos autoritários, mas também de escuta e de respostas às expectativas do aluno, uma escola que ouça mais os anseios e as necessidades dos seus alunos, profissionais e pais.

O que vemos é uma escola onde se fala muito e se escuta pouco, que acaba não estabelecendo referencial claro e definido para seus alunos — o que tem levado os profissionais da educação a permanecer numa postura autoritária que dificulta, no dia a dia da prática pedagógica, a possibilidade de construção do cidadão.

A partir da formação mais cuidadosa e específica dos educadores e de vontade política mais clara e organizada de todos que compõem a sociedade brasileira, poderíamos até realizar alguns desses "Que bom seria se...".

Parte 2

Tecendo os fios...

Uma concepção democrática de educação

Uma filosofia de educação cujo princípio básico é a crença no ser humano, na sua capacidade transformadora da realidade na qual se encontra inserido, resguarda uma concepção democrática da educação.

Ao transformarmos a realidade na qual estamos inseridos, também transformamos nosso corpo, nossa forma de ser e, sobretudo, nossa maneira de nos relacionar com a realidade e com as pessoas. Ou seja, como seres humanos somos, de certa forma, "programados" para aprender com o mundo, com as pessoas, nas relações que construímos nas diferentes fases e momentos de nosso percurso de vida.

Paulo Freire costumava dizer que o que nos torna seres programados para aprender é uma característica fundamental do ser humano: o fato de sermos seres inacabados — e termos consciência disso. Uma concepção democrática de educação compreende, portanto, esse ser inacabado que somos, que é capaz de ser sujeito do seu processo de aprendizagem e é possuidor de uma história de vida única e uma forma de desejar, de pensar e de estar no mundo também única.

Uma concepção democrática de educação abarca uma visão humanista do ser humano, segundo a qual todos têm direito ao saber e à cultura, não havendo, assim, o "saber mais" que o outro como instrumento de dominação.

O educador democrático utiliza o seu "saber mais" para que o outro, a quem educa, possa saber tanto quanto ele e até superá-lo.

A toda filosofia de educação corresponde, pois, uma concepção de educador, de educando, de aprendizagem, de escola e de metodologia, que lhe dá suporte. Portanto, o educador, ao assumir determinadas posturas pedagógicas por meio das quais direciona e dá sentido à sua prática pedagógica, apoia-se forçosamente numa concepção de educação.

O ato de aprender numa concepção democrática de educação

Aprendemos porque somos seres humanos e nos tornamos humanos pelo ato de conhecer o mundo; ou seja, nosso processo de "humanização" é marcado pelas relações de aprendizagem que vivenciamos ao longo da nossa história de vida.

Nossa forma de aprender está marcada pela maneira como fomos iniciados nos nossos primeiros contatos com o mundo das coisas e com o mundo das pessoas; pela maneira como fomos ensinados a olhar, a falar, a tocar e a perceber as cores e odores do mundo que nos cerca. O resultado dos diferentes encontros com o mundo das pessoas e das coisas constitui-se ao longo da nossa trajetória de vida num "referencial de aprendizagem" no qual, de certa maneira, se encontra ancorada a forma de aprender de cada um.

A estrutura do referencial de aprendizagem do ser humano é, portanto, construída na relação primal com os pais e irmãos. É assim que a figura do pai e a da mãe ocupa desde muito cedo nas nossas vidas lugar de destaque e importância na construção da estrutura do nosso referencial de aprendizagem. Por sua vez, esse referencial de aprendizagem será enriquecido por outras figuras também importantes que surgirão no percurso de vida de cada um, como, por exemplo, a do professor.

O processo de aprendizagem, por ser um processo interativo e de adaptação ativa à realidade, implica a existência de situações transferenciais. Dessa forma, não aprendemos com qualquer um.

Para podermos aprender necessitamos, de certa maneira, sentir-nos identificados com aquele que nos ensina. Portanto, o processo de aprendizagem forçosamente passa pela estruturação do indivíduo tanto no sentido do aspecto da construção da sua objetividade quanto no da construção da sua subjetividade, marcando, assim, tanto o corpo daquele que ensina como daquele que aprende.

A situação de aprendizagem requer ainda uma relação de assimetria. Para poder ensinar algo ao outro, tenho de saber mais do que ele sobre esse algo que desejo ensinar. Dito de outra forma, não consigo ensinar aquilo que não tenho no meu corpo. Contudo, existe educador que, ao ocupar o lugar do saber no processo de ensino/aprendizagem, se imagina "ser o lugar", em vez de unicamente ocupá-lo.

Existem dois tipos diferentes de educadores: o autoritário e o democrático. O primeiro tem como objetivo não permitir que o outro — neste caso, o educando — seja ele próprio, e para tal constrói um tipo de relação que impossibilita ao outro se diferenciar dele, mantendo-o numa dependência em relação à sua pessoa. Dessa forma, aquele que aprende com um modelo de educador autoritário não consegue sentir-se sujeito do próprio processo de aprendizagem e de construção de conhecimento.

O segundo tipo, o educador democrático, tem como desafio o permitir-se ser superado. O "ser superado", aqui, significa ser capaz de ser modelo para que o outro possa encontrar o próprio caminho, a própria forma de ser, podendo diferenciar-se do educador e ser capaz de dizer a própria palavra.

Não podemos perder de vista que, quando estamos numa relação de aprendizagem, não ensinamos unicamente o conteúdo específico da aula. Normalmente, veiculamos outros conteúdos simultaneamente, já que nossa forma de ensinar, de falar, de olhar e de se relacionar também são conteúdos.

A aprendizagem se torna significativa quando possibilita a construção de conhecimento. Contudo, não construo conhecimento se não me aproprio dele como pessoa criativa, capaz de pensar e desejar. No entanto, como o processo de aprendizagem é um processo interativo pelo qual ocorrem transferências, para que o educando aprenda é fundamental que aquele que lhe ensina deseje realmente que aprenda, acredite que seja capaz de criar significados, de pensar, sonhar e desejar. Assim, aprender de forma significativa implica construir significados próprios que estão relacionados com a história de vida de cada um e com a sua forma de estar no mundo.

A aprendizagem significativa, por sua vez, também requer por parte daquele que ensina o aprendizado do ato de escuta do outro. Sem escuta não existe o aprendizado da pergunta e, por conseguinte, o da fala. Se não aprendo a perguntar, não consigo descobrir o que sei e o que não sei. Não localizo minhas dúvidas e minhas certezas, já que é por meio das dúvidas e certezas construídas na relação de aprendizagem com o outro que vou criando os significados sobre os diferentes conhecimentos que já possuo.

A aprendizagem significativa é transformadora porque propicia a construção do saber pela própria pessoa, possibilitando, dessa forma, sua autoria de pensamento e sua responsabilidade como pessoa que pensa e deseja.

O que é ser modelo?

Todo aquele que educa se põe na posição de ser modelo para o outro. Isso porque ninguém aprende sozinho; sempre aprendemos mediados pela relação com o outro.

Venho me perguntando o que é ser modelo. Andei pensando, sobretudo, nos diferentes tipos de modelo que, às vezes, podemos ser. Não acredito em nada que seja puro, portanto não acredito que exista o modelo totalmente autoritário ou o modelo totalmente libertador, democrático.

Mesmo quando optamos pela postura democrática no ato de educar, podemos ser surpreendidos por nossas próprias incoerências tendo postura autoritária. Faz parte da natureza humana de cada um de nós ter incoerências, limitações e dificuldades. Assumimos, por vezes, posturas autoritárias nas nossas ações pedagógicas sem dar-nos conta de que as estamos assumindo. É a devolução do outro que nos alerta sobre se estamos sendo autoritários, porém não é o suficiente para podermos deixar de sê-lo. Insisto que não é unicamente por ter optado ser modelo democrático que estou protegida, salva, de assumir posturas autoritárias no meu cotidiano pedagógico.

Chamo de modelo autoritário o tipo de modelo que existe para ser unicamente imitado, copiado, seguido como exemplo. Não ousamos recriá-lo ou superá-lo.

Modelo autoritário castra, limita e não delimita, impossibilita que o outro seja ele mesmo.

Modelo autoritário impõe hora marcada para que o outro aprenda, como se houvesse hora para aprender.

Modelo autoritário não permite a curiosidade, o ato de investigar, o ato de perguntar.

Modelo autoritário não assinala para a autonomia, porque não suporta a perda de controle.

Modelo autoritário delega tarefas sem construir com o outro a necessidade de realizá-las.

Modelo autoritário não constrói o conhecimento com o grupo e no grupo, simplesmente o transmite e o dá por dado.

Modelo autoritário não permite nem instiga a reflexão e sim o tarefismo.

Chamo de modelo libertador, democrático, o tipo de modelo que existe para ser superado, recriado. Que assume "seu saber" não como detentor da verdade, mas sim como possibilidade para que o outro saiba mais. É libertador, transformador, porque assinala para a autonomia e acredita na superação. É libertador porque aceita críticas como possibilidades para seu próprio crescimento, assumindo seu não-saber com humildade e sem escondê-lo.

Modelo libertador não delega tarefas, mas sim gesta no corpo do outro a necessidade de realizá-las.

Modelo libertador desvela o oculto, cria a necessidade do ato de reflexão, do pensar a prática para poder teorizá-la.

Modelo libertador tem coragem de amar e também de odiar, ao mesmo tempo que acredita no outro e na sua capacidade de vir a ser ele mesmo.

Modelo libertador dá limites claros e definidos para que o outro possa crescer e, assim, construir conhecimentos com o grupo e no grupo.

Modelo libertador ousa exercitar a relação dialética do estar presente/ausente. Nunca demasiado presente, para não retirar o espaço do outro; porém nunca demasiado ausente, que não consiga marcar o corpo do outro.

Modelo libertador faz *com o* outro e não *pelo* outro, comprometendo-se, dessa forma, com o processo de formação de ambos, educador e educando.

Modelo libertador irradia, questiona, posiciona-se e fala. E, ao *agir* assim, aprende a escutar o outro, a estar com o outro e a não ter medo de se reconhecer nele.

Na verdade, quando paro para pensar o que realmente é ser modelo, o que vem ao meu corpo são sentimentos relacionados com correr riscos, ter coragem de existir, optar pela vida e não pela morte, estar presente quando o outro necessita de nós, poder amar e ter raiva do outro. Sinto, sobretudo, o quanto é fundamental simplesmente ser você mesmo, tendo generosidade de se reconhecer com limitações, medos e dúvidas.

No entanto, sempre me fica a pergunta: Por que nos é tão difícil ser modelos? Talvez o mais difícil seja ser modelo de forma consciente. Muitos de nós, educadores, vivemos o ato de ser modelo de forma inconsciente. Aqueles que se dizem não modelo na verdade o estão sendo, só que de forma inconsciente.

É fundamental que aquele que educa o outro se saiba e reconheça ocupando o lugar de ser modelo, já que quando ocupamos esse lugar marcamos o corpo daquele a quem educamos por meio de nossas intervenções. Porque educar é marcar o corpo do outro.

Corpo marcado é corpo:

amado	sofrido
falante	vivo
vivido	carente
desejante	generoso
sentido	alegre
molhado	irrequieto
aberto	que se prepara para receber o outro

As posturas pedagógicas do educador

Construímos nossa relação pedagógica com o educando no dia a dia de nossa prática pedagógica. É nessa relação que educador e educando, mediados pelo que querem aprender e descobrir, experienciam-se como pessoas que pensam, sonham e desejam.

Quando faz opção pela forma de educar democrática, o educador constrói posturas pedagógicas que, de certa forma, o caracterizam. Como, por exemplo:

O educador democrático assume seu saber

Ele ousa assumir seu saber; não tem medo de dizer ao educando que sabe; faz uso do seu saber para que o educando possa saber mais: saber mais sobre si próprio, sobre o mundo, sobre as coisas e, sobretudo, saber como faz para aprender a saber.

Quando assume sua prática pedagógica exercitando essa postura, o educador contribui para que aquele a quem educa seja sujeito do próprio processo de vida e de aprendizagem e, por conseguinte, seja fazedor de cultura e de história, bem como produtor de conhecimento e não um simples reprodutor de conhecimento.

Para que o educando seja produtor de conhecimento é necessário que o educador também o seja. Como educadores, não conseguimos marcar o corpo do outro com o que não temos em nosso próprio corpo. Assim, para que um o seja o outro também tem de o ser!

Não podemos perder ainda a dimensão de que não somos os únicos a marcar o corpo daquele a quem educamos ao longo de seu percurso de vida. Outros também o fazem. É dessa maneira que ocorrem os dilemas, os conflitos/confrontos; é quando sucedem situações de encontros de educadores reprodutores de conhecimento com educandos produtores de conhecimento. Ambos sofrem, já que vivem uma situação que é inconciliável e a qual, na verdade, configura-se muito mais como um desencontro do que como um encontro.

O educador democrático ocupa-se com o outro

Ele percebe que existe uma história de vida do educando e que esta deve ser levada em consideração no processo de aprendizagem dele. Contudo, considerar a história de vida do educando não equivale a assumir postura de concessão, ou de permissividade, utilizando-se essa história como explicação da facilidade ou dificuldade no processo de aprendizagem dele. Muito pelo contrário, implica assumir postura de compreensão com relação a essa história e saber como ela se cruza e entrecruza na forma de construir conhecimento e de aprender do educando, para que o educador, em conjunto com ele, possa *ressignificá-la*.

O ocupar-se com o outro requer da parte daquele que educa, antes de tudo, ocupação consigo próprio, ocupação que é necessária para o aprendizado da construção de um espaço interno que permita à escuta do outro ter lugar, espaço dentro de nós. Escutar o outro, portanto, significa ser capaz de trocar de lugar com ele.

O educador democrático prepara-se para receber o outro

O ato de se preparar para receber o outro requer da parte daquele que se prepara postura amorosa. Revela certo querer bem pelo outro que anuncia/denuncia uma forma generosa de estar no mundo.

O ocupar-se na preparação para receber o outro permite a vivência da expectativa do encontro, para que este seja vivido de forma antecipada no corpo por meio da capacidade imaginativa. É essa vivência imaginária que, experienciada antecipadamente, possibilita a recriação do encontro, quando se vive o "momento em si" do encontro.

Essa capacidade de recriar o que foi imaginado abre ainda espaço de aprendizagem de ajustes na forma como se lê e apreende o real; nesse caso, a relação com o outro. O ato de se preparar para receber o outro revela como anda o processo de internalização desse outro em meu corpo. Ou seja, revela como eu tenho o outro dentro de mim.

Que sei realmente sobre ele?

Sei do que ele está a necessitar?

Sei em que momento de seu processo de aprendizagem ele se encontra?

Que posso lhe ofertar?

Esses tipos de pergunta deveriam estar no corpo daqueles que se preparam para receber o outro.

O educador democrático reflete sobre sua prática

> "Não há prática melhor do que a prática
> de refletir sobre a sua própria prática."
>
> *Paulo Freire*

Considero que é esse um dos maiores desafios do educador democrático compromissado com seu aprendizado de ser educador. Nós não nascemos educadores; nós nos fazemos ao longo de cada dia de nossa trajetória de sê-los.

Não temos hábito de refletir sobre o que fazemos. Acredito que grande parte de nossa dificuldade resida em deixarmo-nos ser engolidos pelo peso e dimensão que o cotidiano exerce em nossas vidas.

O cotidiano tem capacidade de nos grudar ao chão como se sob nossos pés houvesse cola, fazendo-nos permanecer no aqui-e-agora da concretude que estamos a viver.

Assim, é-nos extremamente difícil tomar distância de nossa vivência para poder percebê-la melhor e, então, poder primeiro reconhecê-la como nossa e, segundo, ver o que dela queremos que permaneça e o que queremos mudar, transformar.

Uma das formas de tomarmos distância da concretude do que vivemos é por meio da elaboração do registro da nossa prática pedagógica. O registro, numa concepção democrática de educação, é considerado instrumento metodológico de trabalho do educador. Tal instrumento tem capacidade de congelar a vivência da situação permitindo uma volta a ela numa temporalidade outra que não a de seu acontecer real temporal. Essa volta é como se descongelássemos a situação vivida para saber com maior precisão sobre os momentos que a constituíram naquele então quando foi vivida.

Dessa forma, podemos descobrir, por exemplo, que faltaram partes constitutivas ao seu todo, ou seja, podemos ter queimado etapas na vivência da situação. Podemos também descobrir que não faltaram os momentos constitutivos do seu todo, mas estes, no entanto, foram vividos de forma atropelada, ou desorganizada. Esse distanciamento do vivido permite-nos pensar sobre ele, de forma que possam ser avaliados e realizados os ajustes, em nossa maneira de atuar, que se fazem necessários.

Quando não registra sua prática, o educador está, portanto, diminuindo a possibilidade de alçar voo no seu processo de crescimento; no processo de aprender a apropriar-se do que é seu, do que é seu "que fazer" pedagógico, para, assim, poder transformá-lo.

O educador democrático cria vínculos

Quando estamos em situação de aprendizagem construímos vínculos. O tipo de vínculo que o educador democrático constrói na relação com o educando é o que assinala para a construção da autonomia do educando.

É um vínculo que permite a criação de um espaço de mobilidade para que o educador e o educando possam ser eles mesmos; espaço de mobilidade este que se cria e constrói pela forma de estar presente/ausente do educador. É no exercício do viver esse estar presente/ausente que o educador vai aprendendo a dosar a intensidade de sua presença ou de sua ausência.

Esse desafio não é fácil de ser vivido. Isso porque requer um estar presente sem que sufoque o outro e, ao mesmo tempo, um estar ausente que não represente um abandono dele. Pelo tipo de vínculo que estabelece com o educando, o educador pode marcar o corpo dele de modo que o aprisione fazendo-o sentir-se por demais ligado à sua pessoa; assim sendo, o educando perde a possibilidade de se diferenciar do educador e o processo de individuação e de aprendizagem dele fica comprometido.

Vínculo desse tipo normalmente aumenta o sentimento de culpa do educando em querer ser diferente daquele que o educa. Assumir ser diferente daquele a quem amamos é algo que não é fácil, já que esse sentimento leva-nos a outros — seja ao medo da perda da pessoa amada ou ao medo de ficar na dependência dela.

O educador democrático realiza intervenções e dá devoluções

O educador democrático compromete-se com o processo do outro; constrói esse compromisso por meio das inúmeras interferências e devoluções que realiza ao longo de seu caminhar como educador.

Educar é ousar ter coragem, amorosidade e generosidade de marcar o corpo do outro. O ato de educar é, nesse sentido, tarefa muito complexa já que estamos lidando com gente de carne e osso. Dado que todo processo educativo é *de per si* diretivo, cabe ao educador perguntar-se se quer deixar rastros ou marcas no corpo daqueles a quem educa. Porque existe diferença entre deixar rastro e deixar marca.

O rastro pode ser facilmente apagado, não gerando, assim, transformação. É o tipo de intervenção ou devolução que não foi *significada* pelo educando, não o atingiu, não fez sentido para ele. A marca, ao contrário, permanece e fica simbolicamente no corpo dele; corresponde a tipos de devoluções e intervenções que estão impregnados de significados tanto para o educando quanto para o educador; tipos que sucedem no momento certo da necessidade do educando; tipos de marcas que permanecem no corpo e possibilitam, assim, o processo de transformação.

Existem duas formas diferentes de intervir e dar devoluções. Uma se dá pela invasão do corpo do outro, como se o corpo deste fosse propriedade daquele que educa. Noutra, o educador marca o corpo do outro sabendo que o corpo deste não lhe pertence, que tem vida própria.

Educadores que optam pelo primeiro tipo de intervenção vivenciam uma concepção autoritária da educação, já que concebem o educando como objeto, receptáculo vazio, e não como sujeito; não restando ao educando, portanto, nenhuma alternativa senão a de pensar da mesma forma que o educador. Instaura-se, assim, uma relação de dependência que pode ser nociva ao processo de individuação do educando, sendo ele, nesse caso, um reprodutor do pensamento do educador, não aprendendo a pensar por si próprio nem a defender as próprias opiniões; não ousando fazer uso da própria palavra.

Conceber o educando como objeto, ou como posse, implica desencadear um processo de perda de liberdade da capacidade que todo ser humano possui de querer ser sempre mais e nunca menos! Ou seja, ser cada vez mais gente, ser cada vez mais sujeito desse próprio processo. Dito de outra forma, nunca deixar de ser mais, já que deixar de ser mais significa opção pela *morte*.

Já educadores que optam pela segunda escolha vivenciam uma concepção democrática de educação. Ao terem clareza e consciência de que o corpo que marcam possui vida própria e que, portanto, não lhe pertencem, percebem o educando como sujeito que tem voz, pensamento e desejo próprios. Não só são capazes de suportar que o educando seja ele próprio, na busca de seu caminho e de suas descobertas, como também a diretividade de sua ação está voltada para possibilitar a assunção desse desafio com o educando. É sempre um *estar com o outro* e não um *estar no lugar do outro*. É sempre um *correr risco com o outro* e não um *correr risco pelo outro*. É dessa forma que a opção por uma escolha democrática de educação tem a ver, ao mesmo tempo, com a opção pela vida.

O educador democrático dialoga com o outro

Assumimos postura dialógica com aqueles a quem educamos quando nosso corpo também assume postura de estar aberto para o outro e para o mundo. Essa seria talvez uma das condições básicas para que o diálogo se torne possível, exista.

Essa disponibilidade para o mundo e para as pessoas que o ato de dialogar exige só é possível se meu corpo possuir certa relação de intimidade com o ato de querer bem ao outro, de ser curioso, humilde, generoso e respeitoso para com ele.

O diálogo, associado ao ato de "curiosear", implica movimento de um corpo curioso e ao mesmo tempo generoso, que quer realmente saber sobre o saber do outro, sobre sua forma de pensar. Não com a intenção de localizar brechas ou falhas do saber do outro, para corrigi-las, mas sim com a intenção de entender o pensamento do outro.

Às vezes, assumimos postura de falsa curiosidade sobre o saber do outro. É quando queremos saber sobre o saber do outro para competir de forma desleal com ele, e não para aprender ou trocar com ele. É o tipo de curiosidade que chamo de curiosidade não-generosa.

A mobilidade que habita o corpo do educador democrático e permite o diálogo com o outro ser possível é uma mobilidade construída no aprendizado do ato de escutar o outro; mobilidade que advém do conhecimento, do reconhecimento dos diferentes espaços internos de si, construídos ao longo de diferentes situações vividas de escuta do outro e de si próprio.

O querer bem ao outro, tão necessário ao aprendizado do diálogo, implica antes de qualquer coisa um querer bem de modo genérico à vida, implica um estar no mundo e saber-se pertencente a ele, implica um sentir-se *vivo*, simplesmente.

É esse querer bem de modo genérico à vida que anuncia/denuncia a existência do querer bem de modo específico ao ser humano — querer bem este que se constrói com aquele. Os dois se alimentam na crença da capacidade do outro de pensar, de saber coisas, de ter opiniões próprias, de adquirir conhecimentos possíveis de serem compartilhados.

A postura dialógica assumida pelo educador na relação com o educando possibilita que ambos se exercitem na construção de um vínculo pedagógico respeitoso e cria espaço para que cada um se mostre como realmente é. Tal vínculo possibilita ao educando mostrar suas fragilidades sem ter medo de que elas sejam utilizadas contra si. Possibilita ao educador o aprendizado de não fazer uso do poder que tem, de forma indevida, como instrumento de manipulação e opressão do outro.

Instrumentos metodológicos para a construção do grupo

Quando leio o título que escolhi para este texto, o primeiro movimento de meu corpo é o de sentir-me desafiada a fazer algumas perguntas que possam nortear meu processo de reflexão.

Como, por exemplo:

Que é grupo? Como o construo?

A palavra "grupo" é uma das mais recentes nas línguas ocidentais. É um termo técnico italiano do léxico das belas-artes; aparece em francês, em inglês e em alemão no final do século XVII e designa um conjunto de pessoas pintado ou esculpido.

É só na metade do século XVII que a palavra "grupo" adquire significado de reunião de pessoas vivas. A partir do século XIX, seu uso se expande e passa, então, a designar várias outras realidades, tais como: grupo escolar, teoria matemática dos grupos, estudo psicológico dos grupos restritos (Anzieu, 1993[1]).

Como educadora, minha "curiosidade cognitiva" sobre como se trabalha em grupo e a ainda como o grupo se constrói sempre esteve vinculada ao processo de ensinar e de aprender.

Foi guiada por essa curiosidade que fui percebendo que grande parte das situações de aprendizagem vividas sobretudo no espaço escolar se dá em situações grupais e não duais. Ou seja, quando

---

1. ANZIEU, Didier. *O grupo e o inconsciente*. São Paulo: Casa do Psicólogo, 1993.

estamos em sala de aula estamos ensinando para um coletivo e não para um único aluno.

À medida que intensifiquei minha escuta sobre o relato da prática do educador, e a enriqueci com observações de sala de aula, ficaram mais evidentes as dificuldades que o educador "experiencia" quando está em grupo.

As mais evidentes dizem respeito a:

- Organização do tempo e do espaço;
- O processo de comunicação;
- A existência de subgrupos;
- E, sobretudo, a falta, ou o pouco envolvimento, de seus membros com os conteúdos e propostas a serem trabalhados.

Quando iniciamos a construção de um grupo, o fato de não conhecermos ainda as pessoas nos faz sentir ameaçados diante da curiosidade que o outro tenha em relação a nós e da imagem que possa fazer sobre nossa pessoa.

A situação de estar em grupo, na verdade, gera em nosso corpo angústia e medo que agarra a todos nós, medo que está relacionado à perda de nossa individualidade; é como se temêssemos ser devorados, engolidos por todos e por cada um do grupo. O medo representa ainda a resistência de as pessoas constituirem-se como grupo.

Daí a importância de explicitá-lo para poder superá-lo e criar um "espaço de continência" onde todos possam falar de seus medos e de suas fantasias; onde possam realizar descobertas comuns, construir conhecimento, vivenciar emoções, desafios e atividades como garga-lhar, comer e brincar juntos.

À medida que a existência do "espaço de continência" ganha forma e força, o medo de ser engolido pelo outro vai sendo supera-do e a resistência a se constituir como grupo diminui. São esses os primeiros momentos em que presenciamos o uso da palavra "nós" como referência ao grupo.

Quando peço aos professores uma definição de grupo, geralmente a que vem é: "Conjunto de pessoas reunidas em prol de objetivos comuns". Contudo, ter objetivos comuns não garante às pessoas constituir-se como grupo; são necessárias outras condições para que o grupo se construa.

A primeira delas é ter uma tarefa específica que dê sentido a sua existência e, ainda, exista uma pessoa que a coordene. Grupo sem tarefa específica e sem coordenador não se forma como tal. Grupo acéfalo corre risco de permanecer imerso num movimento espontâneo das pessoas que o constituem sem, portanto, conquistar um tipo de organização ativa de todos e de cada um de seus membros.

A presença de um coordenador é fundamental para a construção do grupo já que, no início do processo de construção, ele ocupa o lugar de "porta-voz" do desejo do grupo de se constituir. Ele anuncia a possibilidade da existência do coletivo, mesmo quando o coletivo ainda não se encontra construído.

No processo de construção grupal, o coordenador atua como se fosse um "locutor de rádio" quando irradia jogo de futebol. Ou seja, ele expressa tudo o que está ocorrendo no grupo — as contribuições, as dificuldades e facilidades dos diferentes membros — para que a representação do coletivo (a relação entre o todo/parte) possa, pouco a pouco, ir configurando-se nos corpos das pessoas do grupo.

O coordenador irradia não só as ações individuais dos membros como também seus pensamentos, desejos, fantasias, medos. Contudo, sua relação com o grupo é assimétrica, para que viva seu papel de co-pensador do grupo. Seu "que fazer" específico consiste justamente em refletir *com o* grupo, e nunca *por* ele, sobre a relação que os membros estabelecem entre si e sobre a tarefa específica do grupo.

No início do processo de construção do grupo, o que temos normalmente é um aglomerado de pessoas. Figuralmente, sua forma é amorfa, porque no início do processo os espaços individuais de cada um ainda não se encontram "situados".

A "cara do grupo" surge da forma como cada um se sente "situado" no grupo ao ocupar seu lugar e ao exercer seu papel específico.

Ou seja, o grupo deixa de ser o amontoado amorfo e disforme e passa a ter cara e identidade.

O movimento de construção grupal é processo lento e requer o corpo solto de todos que querem constituir-se como grupo. Ter corpo solto nesse processo de construção é importante porque implica poder configurá-lo, localizá-lo, percebê-lo, e descobrir quais os diferentes lugares que o corpo pode ocupar na configuração do grupo. Corpo não localizado, não percebido, é corpo sem forma, é corpo que não se sentiu solto o suficiente para deixar-se marcar pelo outro.

Os corpos normalmente falam. E por falarem expressam anseios, medos, alegrias, raivas, desejos contidos e também segredos. Às vezes, a "doença" se instaura no grupo quando não se fala do velado, do segredo do grupo. É preciso denunciar para poder anunciar.

Denuncio o segredo para poder anunciar o saber sobre ele, para poder saber-me sendo parte do segredo, do segredo mítico da minha origem como ser desejante, ser do desejo do outro. É só quando descubro que minha origem foi concebida no desejo do outro que posso fazer meu o seu desejo e assumir-me como ser diferenciado. A situação de aprendizagem e de fala nos remete, portanto, ao momento de origem de cada um de nós; momento de origem que é de cisão, de separação, de perda.

As marcas da nossa origem que trazemos em nossos corpos alimentam e dão mobilidade ou não a nossos processos de simbolização e de criação. Daí a importância da linguagem no processo de criação e transformação, já que ela coloca nosso corpo distante do ato, possibilitando, assim, o acesso ao desejo. Desejar é a forma que utilizamos para recuperar o que perdemos, o que nos foi interditado.

Como educadora ocupada com a formação de educadores, fui marcada pelo pensamento de Pichon Rivirere,[2] sobretudo por seu conceito de grupo operativo. Grupo operativo é o que possui boa rede de comunicação, que se desenvolve eficazmente em sua tarefa.

---

2. RIVIRERE, Pichon E. *O processo grupal*. São Paulo: Martins Fontes, 1983.

Cada membro tem papel específico atribuído, porém com grau de plasticidade tal que lhe permite assumir outros papéis funcionais.

Ao longo de meu percurso de trabalho, e levada pela necessidade de buscar respostas para as dificuldades encontradas na prática do dia a dia das vivências grupais, fui utilizando instrumentos metodológicos de trabalho que pudessem nortear e alimentar minha prática.

Um desses instrumentos é o "esquema referencial comum do grupo".

Todos nós temos um esquema referencial que representa o conjunto de conhecimentos, atitudes e valores que fomos construindo ao longo de nossa história de vida. É nele que sempre nos apoiamos quando tomamos decisões, criamos significados e quando trabalhamos nossa relação com o mundo e com nós mesmos. O referencial funciona como se fosse nossa bagagem, nossa equipagem, que sempre transportamos conosco. Por onde quer que vamos.

A construção do esquema referencial comum do grupo é um dos primeiros movimentos do corpo do coordenador quando se inicia a construção do grupo. Esse processo de construção tem como pano de fundo o conteúdo do esquema referencial de cada membro do grupo. A construção do esquema referencial do grupo é fundamental; é condição básica para que exista um processo de comunicação entre os membros.

É com base no denominador comum dos diferentes esquemas referencias individuais dos membros que o esquema referencial grupal é construído, e este representa o suporte comum no qual seus integrantes se apoiam para construir os significados, o vocabulário comum, e para tomar as decisões grupais.

Na verdade, quando o coordenador cria espaço de continência e possibilita que cada um fale de si, se posicione e dê suas contribuições está estruturando, construindo o esquema referencial do grupo.

O esquema referencial comum representa os pensamentos, as ideias, a forma como o grupo percebe a realidade e lida com ela, como também representa suas ações, seus desejos, suas fantasias, projeções e medos. Portanto, a construção do esquema referencial grupal perpassa todos os momentos da história desse esquema, pois é enriquecido a cada encontro com as diferentes contribuições das individualidades de seus membros.

É no processo de construção do esquema referencial grupal que os membros encontram seus "lugares" e se localizam dentro do grupo. Os lugares que ocupamos estão, então, vinculados aos papéis que assumimos no grupo.

Esse momento de construção é muito rico em possibilidades de leituras e devoluções para quem coordena o grupo. A construção do esquema referencial possibilita ainda a cada membro reconhecer, durante a trajetória percorrida no grupo e com o grupo, que sua individualidade está sendo assegurada, permitindo-lhe sentir-se fazendo parte de um todo que ao mesmo tempo é ele, mas maior que ele.

É na vivência de cada encontro mediado pela tarefa específica de construção do esquema referencial grupal que aprendemos a conhecer o outro, sua forma de pensar, de sentir, a facilidade ou dificuldade de se expressar; seus medos e fantasias.

O aprender a conhecer o outro implica, por sua vez, um querer e uma curiosidade sobre o outro. É movido por essa curiosidade que, quando educada, conseguimos criar espaço interno de escuta do outro.

Outro instrumento que faz parte da construção do grupo é o que denomino "Fio Vermelho do Grupo".

Sempre me perguntei o porquê da escolha pela cor vermelha e não por outra qualquer. Hoje sei que está vinculada à noção de vida, de libido, de sangue que corre nas veias; enfim, de paixão. O fio vermelho é, na verdade, a trajetória da história de vida do grupo. Ele é tecido nos momentos de construção de conhecimento, permeado de conflitos/confrontos, de tristezas, de discórdias, dor e raivas, de mal--entendidos, como também nos momentos de alegria, de gargalhadas, de generosidade e de amor. Sua textura vai ganhando cada vez mais consistência e força a cada encontro, de forma que cada membro do grupo percebe que está ligado ao outro e que todos, juntos, formam um todo.

A construção do fio vermelho possibilita o aprender a estar em sintonia com o outro. Como todos estão unidos pelo mesmo fio, basta que um o movimente, ao "puxá-lo", para que repercuta no corpo de todos. Assim, cada membro vai aos poucos percebendo a necessidade de estar atento a seus movimentos, suas intervenções, suas falas; enfim, vai percebendo a importância do estar "ocupado" com o outro e "atento" a ele.

No início da construção do grupo, o fio vermelho encontra-se visível. No entanto, à medida que o trabalho de construção vai sendo fortalecido, o fio vermelho começa a perder visibilidade, para terminar invisível. Sua "invisibilidade" tem a ver com o processo de internalização do outro.

Quando pertencemos a um grupo cujo fio vermelho se encontra invisível, somos ajudados sem pedir ajuda, sentimo-nos escutados, entendidos e vistos; sentimo-nos realmente pertencendo ao grupo.

O movimento pendular do grupo é outro instrumento metodológico que auxilia o coordenador no processo de construção. É o movimento constante que o educador realiza entre o ir e vir do individual para o coletivo. Quando trabalhamos o aspecto individual, nossa ação está voltada para a verticalidade do sujeito; estamos lidando com a história de vida, com a forma de estar de cada um no mundo. Quando trabalhamos o coletivo, nossa ação está voltada para a horizontalidade dos sujeitos; estamos lidando, sobretudo, com o "lugar" que estes ocupam no mundo, como também com o aqui-e-agora que ocupam no espaço grupal.

Somos, como bem diz Merleau Ponty, seres situados no mundo por ter uma história, construída num tempo que é, por sua vez, histórico. Portanto, somos "seres de situação", ocupamos espaços.

É do exercício da vivência e do cruzamento desses dois movimentos, o individual e o coletivo, vivenciados nos diferentes momentos de vida do grupo, que a história do grupo é construída. É como se ela fosse tecida com os fios individuais da história de vida de cada um, tanto na sua dimensão de ser individual como na de ser social.

Costumo chamar de "mandalas grupais" os momentos de encontro dos movimentos pendulares tanto na sua verticalidade como na sua horizontalidade.

Quando a linha da verticalidade de cada membro não consegue atingir a linha da horizontalidade do grupo, os integrantes sentem-se deslocados, não integrados, não pertencentes ao grupo.

O coordenador deve estar atento aos momentos de "descida da verticalidade" de cada membro para que, quando essa descida se der, cada qual consiga encontrar o "chão" representado pela linha da horizontalidade do grupo e, assim, possa sentir-se pertencente ao grupo mesmo que pense e se sinta diferente sobre um determinado assunto em relação aos demais.

Outro instrumento metodológico utilizado na construção do grupo são os rituais.

Todo ato educativo se banha nas águas dos rituais. Educamos o outro por meio de rituais que mediam nossa ação.

Durante o processo de construção do grupo, coordenador e membros criam rituais que representam o trajeto percorrido na construção da história do grupo. Os rituais dão, desse modo, a "cara" do grupo; estão, portanto, banhados de sua cultura e de seus significados. É por essa razão que cada grupo é um grupo, já que possui rituais e histórias de vida diferentes.

Por outro lado, os rituais são fundamentais na organização do grupo quando instauram os tempos, os espaços e os compromissos de todos e de cada um. Nesse sentido, é como se a vida de cada grupo estivesse presa a uma trama simbólica. Trama simbólica construída pela troca de inconscientes e de intencionalidades dos membros ao longo de sua história; e dela fazem parte os rituais, os combinados, os regulamentos implícitos e explícitos, os costumes estabelecidos, como também as atribuições dos diferentes "lugares" de cada integrante.

A rotatividade de papéis é outro instrumento metodológico utilizado na construção do grupo.

Quando fazemos "nossa entrada no mundo", nosso corpo vem marcado pelo desejo inconsciente de nossos pais, desejo que situa o lugar que vamos ocupar no grupo familiar a que pertencemos. Portanto, nossa primeira experiência social a vivemos dentro do grupo primário que é a família.

Quando estamos em grupo, ao mesmo tempo que assumimos diferentes papéis de acordo com a história de vida própria também atribuímos papéis aos integrantes. É dessa forma que a estrutura do grupo se constrói tendo como base o interjogo dos papéis assumidos entre seus diferentes membros e o dos papéis que lhes foram delegados.

O papel que assumimos quando nos encontramos em grupos secundários (trabalho, equipe, escola) está, por sua vez, marcado pela forma como fomos introduzidos na vida de nosso grupo familiar. Isso faz com que, quando estamos em grupo, a tendência de reassumirmos o mesmo papel seja grande. Corremos risco de viver, no grupo, os papéis de maneira cristalizada, estereotipada, caso não exista um trabalho por parte da coordenação que introduza a possibilidade do "rodízio" desses papéis.

O rodízio de papéis é importante porque possibilita trabalhar as estereotipias e os rótulos que marcam o corpo da pessoa e dificultam seu processo de mudança e transformação.

A escolha da palavra "rodízio" para assinalar a mudança de papéis não é aleatória, já que nos remete ao funcionamento de uma equipe de voleibol, cuja regra é o rodízio de lugares de seus jogadores. Ou seja, todos e cada um têm possibilidade de se "experienciar" nos diferentes lugares do espaço da quadra, e para tal faz-se necessário assumir posturas diferentes, de acordo com o lugar que estão a ocupar num determinado momento do jogo.

Existem três papéis que são importantes na estruturação do grupo: o porta-voz, o líder e o bode expiatório.

O porta-voz

O porta-voz é aquele que tem como característica a capacidade para captar o que ocorre no grupo num determinado momento, capacidade que lhe permite anunciar/denunciar suas fantasias, ansiedades, necessidades. Por sua sensibilidade verbaliza o não-dito, para que o conteúdo latente no grupo ganhe forma, ganhe "fala"; emerja. O porta-voz, quando fala, não está a falar sozinho; traz na sua fala o dizer grupal.

O líder

Existem dois tipos de líderes no grupo: o líder de mudança e o líder de resistência.

O líder de mudança é o que sempre está aberto e disposto a aceitar a tarefa a ser realizada pelo grupo; é o que motiva e ao mesmo tempo mobiliza os outros a assumirem o desafio da realização da tarefa. Sua forma de atuar é a de buscar soluções para os conflitos e estar aberto para o novo, o desconhecido.

Já o líder de resistência é o que sempre está contra a realização da tarefa, representando o contraponto do líder de mudança; é o que tenta retardar o crescimento do grupo ao retroceder nas discussões, encaminhamentos e conquistas já realizados; está sempre querendo retomar o que já foi acertado e definido. Sua proposta é a de provocar todos os questionamentos possíveis, para "congelar" o envolvimento do grupo na realização da tarefa.

O bode expiatório

O bode expiatório, por sua vez, é receptáculo de tudo o que os membros não querem ou não conseguem conter dentro de si; ele passa, desse modo, a ser o "depósito" das fantasias, angústias e medos do grupo.

Sou grupo quando:

- Tenho o outro internalizado em mim;
- Existe alguém que me orienta e assinala o caminho de partida, os diferentes atalhos, e me permite descobrir o ponto de chegada;
- Percebo que estou sendo visto e acompanhado na minha individualidade;
- Percebo que posso contribuir com minha prática para enriquecer o grupo;
- Percebo o todo tão importante quanto a parte na sua relação de interdependência e continência;
- Percebo-me representado no grupo;
- Sinto-me pertencido e pertencente a algo maior do que a minha própria pessoa;
- Suporto viver como desafio o próprio fato de não ser ainda um grupo;
- Estou aberto para dialogar;
- Estou aberto para entrar em contato com o meu não-saber e o do grupo;
- Ouso assumir meu saber;
- Consigo compartilhar, dividir com o outro;
- Convivo realmente com o outro;
- Percebo que posso aprender com o outro;
- Ouso interferir no processo do outro;
- Vivo alegre e amorosamente com o outro;
- Consigo realizar uma escuta vazia sobre a fala do outro;
- Consigo posicionar-me em relação ao que penso e sinto;
- Cumpro com os compromissos assumidos no grupo;
- Preparo-me para receber o outro;
- Sinto a falta do outro.

Coordenação: função ou papel

Cada pessoa tem sua forma de mostrar-se quando se põe no lugar de falar para outros. A forma como cada um se mostra tem a ver com a história de vida de cada um, com a forma como aprendeu a falar, com o que pode representar para a pessoa o fato de estar em público, com o medo ou a segurança que pode sentir ao viver essa situação... Por isso, toda vez que falamos estamos, de certo modo, anunciando/denunciando como nos sentimos, como pensamos; estamos falando da nossa história de vida.

Como educadora, sempre fico muito feliz quando posso viver uma situação como essa, de poder falar para educadores, de poder ensinar e também aprender.

O foco central de nossa conversa será a função do coordenador pedagógico. Contudo, eu, infelizmente, não consigo entrar direto no conteúdo sem antes "namorar" um pouco as palavras-chave que constituem o foco de nossa conversa.

As palavras-chave seriam: *função* e *coordenador pedagógico*.

Quando namoramos não o fazemos sozinhos. O ato de namorar requer forçosamente um parceiro. Então, poderíamos brincar de buscar juntos, aqui e agora, os possíveis parceiros das palavras-chave função e coordenador pedagógico. A ideia de buscar o parceiro está vinculada à busca do que faz contraponto com o outro, ou do que o complementa.

Dessa forma, teríamos:

- Função e papel
- Coordenador pedagógico e professor

Essa metáfora com o namoro ilustra o fato de que quando queremos pensar de forma dialética é interessante pensar por pares, pensar por binômios. A intenção é a de buscar o terceiro elemento, que pode constituir-se no desafio da compreensão sobre o conteúdo que estamos a pensar.

Normalmente, no nosso cotidiano, utilizamos os conceitos "papel" e "função" como sinônimos. Gostaria de introduzir outra conotação a ambos.

O papel tem relação com as atribuições que recebemos estipuladas pelos membros do grupo quando estamos em situação grupal.

A função está associada às atividades ou ações que realizamos no exercício dessa função.

Assim, cada um de nós, quando está em situação grupal, seja na escola, na empresa ou na família, assumimos papéis e desempenhamos funções.

Quando estou a desempenhar uma função, movo-me no mundo da concretude, da objetividade; isso tem relação com resultados, com produtos. Quando estou desempenhando papéis, movo-me no mundo da fantasia, da subjetividade; estou mais próximo de tudo o que pode significar processo.

É pela assunção dos diferentes papéis que vivenciamos ao longo de nossa trajetória de vida que vamos enriquecendo nossa identidade como ser singular, diferente do outro. É no exercício das diferentes funções que podemos desempenhar ao longo de nossa trajetória de vida que nos enriquecemos como ser social. Dessa forma, função e papel se articulam, andam juntos, fazem parte integrante da estruturação do sujeito e da sua construção como ser social.

Qual seria, então, a função de um coordenador? Qual seria a importância de sua existência no espaço escolar?

O foco central da função do coordenador é a questão do "que fazer" pedagógico e deve ser visto sob dois aspectos: o genérico e o específico.

O "que fazer" pedagógico, visto sob o aspecto genérico, diz respeito ao trabalho de continuidade do processo de formação do professor, no sentido amplo. Que concepção de mundo tem o professor? Quais são seus valores? No que acredita? Que concepção de criança possui? Como percebe sua profissão de professor?

O "que fazer" pedagógico, visto de forma específica, diz respeito ao processo do eixo de pessoa do professor. Qual é sua história de vida? Quem é ele? Como ensina? Como aprende? Qual é seu modelo de aprendizagem?

Considerar esses dois aspectos é fundamental para quem forma o educador porque, quando estamos atuando no campo da formação, faz-se necessário olhar para o sujeito a quem desejamos formar como uma pessoa única e singular; ou seja, como um sujeito que se encontra inserido numa realidade social, política, cultural e econômica específica que pode transformar e ser transformado por ela e é possuidor de uma história de vida única que marca seu modo de se situar no mundo.

Para que o coordenador possa realizar sua função de dar continuidade ao processo de formação do professor, é imprescindível que construa o grupo de professores do setor ou dos setores que coordena — de modo que esse é um dos primeiros desafios com que se depara.

Vivenciar com os professores a construção do grupo é de fundamental importância porque eles exercem sua função específica de ensinadores muito mais em "situações grupais" que em "situações individuais". É que quando estamos no espaço escolar, mais especificamente no espaço sala de aula, ensinamos para um coletivo e não para um único aluno.

No que diz respeito a esse aspecto, é interessante observarmos como encontramos professores que têm dificuldade em coordenar grupo de alunos, mas, por outro lado, têm facilidade em lidar com alunos de forma individual. Há outros que lidam bem com o coletivo, porém têm dificuldade em lidar com o individual. Na maioria das vezes, complicam-se e não conseguem equilibrar momentos de vivências coletivas com momentos de vivências individuais. E o aluno ressente quando o professor tem certa dificuldade de trabalhar em grupo ou com cada qual em separado. O grande desafio, portanto, é equilibrar o movimento do grupo/classe com momentos coletivos e individuais.

Contudo, pode ser difícil para o professor conseguir esse equilíbrio caso ele próprio não tenha construído o conhecimento de como se vive o movimento pendular, de passagem do individual para o coletivo, movimento este que é um dos instrumentos metodológicos básicos para a construção do grupo.

Outra função importante do coordenador é a de articulador; ninguém consegue coordenar sozinho. Coordenar requer estar aberto ao diálogo e à escuta; implica ainda necessidade de construir parcerias com os que constituem o setor que coordena e com os outros setores ou segmentos vinculados à estrutura escolar.

O processo de articulação só se faz necessário quando se aposta num processo de formação que possibilite ao professor/educador uma visão do todo escolar no qual está inserido, porque a estruturação do pedagógico não pode estar desvinculada da estruturação do administrativo escolar. O coordenador não pode pensar o pedagógico no vazio; para pensá-lo e estruturá-lo, necessita apoiar-se tanto no aspecto teórico-prático como no financeiro-administrativo.

Para assumir sua função de articulador, o coordenador necessita refletir sobre a própria prática para poder sistematizá-la e saber *no que, com quem* e *como* pode criar espaços comuns, ou espaços de interseção, com outros setores ou segmentos.

Um dos espaços importantes de interseção que não podemos esquecer é o construído com a família. Cabe à equipe pedagógica da escola, juntamente com a Direção Pedagógica, pensar *sobre* e *como* trazer os pais para dentro da escola, de modo que se possa construir um espaço de diálogo entre as duas instituições. É dessa forma que a função de articulador do coordenador pedagógico se faz presente e tem sentido de ser.

A construção do espaço de diálogo entre as duas partes é importante porque, quando recebemos um educando na escola, forçosamente também recebemos sua família. Fundamenta ainda a construção do espaço dialógico o fato de tanto a família como a escola serem instituições que formam gente. As duas precisam, então, dialogar sobre a formação da criatura a que ambas assistem e que, ao mesmo tempo, representa o elo e a interligação entre elas.

É na vivência da construção desse espaço de interseção que ambas vão se descobrindo em suas continuidades e descontinuidades. E, assim, vão ficando mais claros para cada uma das partes suas funções e seus espaços de atuação, possibilitando a construção de um sentimento de parceria e não de competição.

Acredito que, na maioria das vezes, temos dificuldades em criar espaços e relações de parcerias por não termos clareza da nossa função. Terminamos, assim, por invadir o espaço de atuação do outro, construindo uma relação de competição. A falta de clareza da função propicia ainda a diluição de responsabilidades. É comum vivenciarmos a diluição de responsabilidades quando somos movidos pelo medo de assumir realmente nosso saber e o compromisso que resulta dessa assunção.

Outra função do coordenador pedagógico é a de acompanhar o processo de desenvolvimento do professor no que concerne ao exercício de sua prática pedagógica. Para tal, é fundamental que o coordenador se apoie em instrumentos metodológicos que alicercem suas intervenções nesse seu "que fazer" pedagógico.

Quais seriam os instrumentos metodológicos que o coordenador poderia utilizar em sua prática? Entendemos por instrumentos metodológicos os que norteiam a prática do educador dando-lhe suporte a sua ação pedagógica. Como, por exemplo, o planejamento e o registro.

Acompanhar o processo de desenvolvimento do professor em sua prática pedagógica requer do coordenador organização das ações que pretende desenvolver com o professor; para isso, é necessário que realize uma leitura das necessidades do grupo de professores que coordena e, com base no material dessa leitura, elabore seu planejamento, seja mensal, semestral ou anual.

Como educadores, temos dificuldades de elaborar nosso planejamento de forma que realmente funcione como instrumento de trabalho. Diante dessas dificuldades que não são pequenas, sempre me pergunto se as fantasias que as envolvem não estão relacionadas a imaginarmos que podemos perder nossa capacidade criativa por ter de prever e organizar nossas ações num papel. Ou, então, simplesmente porque elaboramos nosso planejamento de forma desarticulada das reais necessidades que se configuram no contexto em que estamos trabalhando.

Contudo, o que constato ao longo dos inúmeros encontros que tenho realizado com educadores é a dificuldade que tanto diretores e coordenadores quanto professores apresentam ao perceber-se atropelados com tantas coisas que têm de realizar, sem saber por onde começar. Sempre paira no ar, então, uma eterna sensação de que estão deixando de fazer alguma coisa, que o tempo não dá para nada... e um sentimento de que, na maioria das vezes, estão sempre começando do zero. É como se não existisse continuidade entre o fazer anterior e o fazer posterior.

Que pode estar por trás de tudo isso?

Talvez outra dificuldade seja a de não conseguirmos priorizar nossas necessidades... Não conseguimos porque não planejamos e não avaliamos nossas ações. É a organização das ações e sua avaliação que nos possibilita aprender a priorizá-las. O que ocorre é que terminamos todos nós entrando num círculo vicioso que nos agarra e leva cada vez mais a atirar para todos os lados...

Não podemos esquecer que a avaliação é um dos momentos cruciais do ato de planejar. Talvez nossa dificuldade em viver o processo de avaliação de nossas ações esteja relacionada à nossa não consistência no ato de planejar e, por conseguinte, no ato de sistematizá-las. Como posso avaliar se não planejei os objetivos que quero atingir? Como posso sistematizar os conhecimentos construídos se não registrei o processo de construção deles?

Considero o registro outro instrumento metodológico importante para a prática pedagógica do educador. Somos poucos, no entanto, os que realmente nos sentimos desafiados a fazer uso na prática desse instrumento. Pergunto-me constantemente, como educadora, o porquê de tamanha dificuldade. Que acontece conosco?

Imagino que uma das primeiras dificuldades esteja vinculada à maneira como o educador lida com a escrita. Normalmente, gostamos muito mais de falar que de escrever. Percebo então que o educador é pouco estimulado ou sensibilizado a colocar no papel suas vivências ou atuações pedagógicas. Para que isso ocorra e passe a ser significativo e importante para o educador, é necessário que exista outro educador a quem possa mostrar o que escreveu, para com ele discutir o conteúdo e, assim, poder tomar distância e refletir sobre sua forma de atuação pedagógica.

Aprender a registrar não é um dom que cai do céu... Não o possuímos naturalmente; não nascemos com ele. É aprendizado que se constrói mediado pela relação pedagógica que se instaura entre educador e educando; surge de uma demanda, aliás como todo e qualquer processo de aprendizagem.

O educador que percebe a importância do registro como instrumento de trabalho tem como desafio justamente criar demanda no corpo do educando, para que ele deseje aprender a registrar e, pouco a pouco, possa descobrir a necessidade e relevância pedagógica do registro.

Para que o educador possa criar no corpo do outro essa ou qualquer outra demanda, seu corpo, no entanto, também teria de estar, diria eu, "habitado" pela demanda. Ou seja, é preciso que o educador possua certa "relação de intimidade" com a demanda que deseja gestar no corpo do educando.

Sensibilizar o corpo do educando para a necessidade do registro implica ainda sensibilizar seu olhar. É pela sensibilização do olhar que o educador descobre e desvela o que pode estar oculto. Oculto porque seu olhar não estava sensibilizado para enxergar... Ele só via. Quando começamos a enxergar o que antes só víamos, descobrimos que somos capazes de realizar movimentos diferentes e novos com nosso corpo, ocupando lugares diferentes que antes não ocupávamos.

Ocupar lugares diferentes é fundamental no processo de sensibilização do olhar do educador. Se não existe mobilidade suficiente no corpo para mover-se e, assim, ser capaz de ocupar diferentes lugares quando da vivência e construção da prática pedagógica, mediada pela construção do vínculo pedagógico com o educando, o olhar corre risco de se petrificar e imobilizar o corpo. E corpo imobilizado é corpo que só vê, não enxerga. É como associo o ato de olhar ao ato de ocupar lugares diferentes.

No início do aprendizado de registrar, normalmente registramos para o outro. É por isso que a existência da demanda do outro que educa é importante. Na verdade, a necessidade da presença da demanda deve existir tanto no corpo daquele que educa como daquele que está sendo educado.

Às vezes, no entanto, vivemos situações em que a demanda só se encontra no nosso corpo e não no do educando. Quando vivemos momentos desse tipo, a tendência é imediatamente a de depositarmos no corpo do outro a falta de desejo de aprender, de conhecer... Ou seja, a tendência é a de nos excluirmos do processo. Contudo, se pararmos para refletir, descobriremos que é tendência natural do ser humano querer aprender, querer saber. Cabendo assim, pois, a pergunta: Como, na condição de educadores, estamos conseguindo criar demanda no corpo do outro?

Acredito que existem formas e formas de criar demandas no corpo daquele a quem se educa. Existem demandas que não gestam mobilidade no corpo, que não criam a falta, não provocam desejo. Esse tipo de demanda costuma provocar nos corpos muito mais um movimento de "prestação de contas" ou "um fazer por fazer" do que realmente a implicação do desejo. E sem implicação do desejo, qualquer processo de aprendizagem encontra-se comprometido.

Por outro lado, existe demanda que instaura mobilidade no corpo daquele que a recebe e, assim, provoca neste uma busca de realização da demanda. Cabe, no entanto, não esquecermos que existe íntima relação entre a pessoa que realiza a demanda e aquele a quem ela é dirigida.

Não nos implicamos com qualquer demanda vinda de qualquer pessoa. Nós só nos implicamos com demandas vindas das pessoas que nos são importantes, das que representam referencial cognitivo-afetivo importante para nós.

É por essa razão que sempre me pergunto: Que tipo de referencial afetivo-cognitivo sou para aqueles a quem educo?

Carta de Fátima para as professoras de *O Poço do Visconde*

Que significa voltar?

Que cada uma reflita como está instrumentalizando seu voltar para transformá-lo em *volta*.

Sempre tive curiosidade em saber o que pode significar voltar para o professor que retoma seu "que fazer" pedagógico após as férias. Fiquei pensando em todas vocês, em nós, sobretudo em como voltamos, no que cada uma trouxe consigo nesse voltar.

Foi gratificante para mim, como coordenadora do grupo, ver e constatar o crescimento de todas e de cada uma e, principalmente, a forma como cada corpo voltou marcado pelo registro do grupo.

Comecei, então, a pensar como seria o voltar à prática pedagógica de um professor descompromissado, de um professor que não se sinta nem se saiba inserido num grupo profissional de trabalho, de um professor que não refletiu sobre a prática vivida no ano anterior, de um professor que volta sem tesão de trabalhar.

Foi nesse momento exato de meu pensar que descobri que somos um grupo de pessoas privilegiadas, que conseguiram construir um ambiente de trabalho sério, porém descontraído, em que se tem espaço para muitas gargalhadas e brincadeiras. E me senti feliz!

Percebi também o quanto em cada ato de voltar está embutido um chegar. E como a relação entre estes dois verbos — chegar e voltar — é dialética e, portanto, contraditória. Cada voltar contém um chegar que é à parte do desconhecido da volta. Quanto mais claro estiver meu compromisso, meu envolvimento afetivo-profissional com meu trabalho e meu grupo, mais gostoso, mais alegre, seguro e tranquilo será meu voltar.

O voltar verbo então se transforma e se assume como substantivo — *volta*. Só assim poderá dar espaço para que o chegar como verbo (que está embutido no voltar) faça sua aparição. Assim, de certa forma, todas e cada uma de vocês estão vivenciando a "volta substantivo" e o "chegar verbo".

E o que isso significa? Significa que quanto melhor vivo substantivamente minha volta melhor instrumentalizo meu chegar, para construir a possibilidade de um voltar atual melhor do que foi meu voltar anterior.

Sempre gostei de jogar com as categorias gramaticais das palavras e poder aprender com elas; por isso, acho interessante buscar, quando possível, as relações entre verbos e substantivos e fazer paralelos com a prática pedagógica que estamos construindo.

Outra coisa que descobri que gostaria de compartilhar com vocês é o quanto a saudade faz parte do ato de voltar. O quanto a saudade é o "certificado de nascimento" da presença do outro em mim. O quanto a saudade tem a ver com a forma de se preparar para voltar. Isso porque aquele que volta se prepara para receber e ser recebido pelo outro.

Constatei também o quanto é gostoso substituir a ausência pela presença. Quanto mais possibilidades tenho de exercitar a vivência da ausência/presença, melhor suporto a ausência real, a falta.

Por último, descobri que o momento do voltar é muito importante para aquele que coordena um grupo. É um momento precioso e doído ao mesmo tempo. A imagem que me vem é a de um momento no qual o grupo mostra o espelho à coordenação e a convida para nele se olhar. É algo assim como um momento de "devolução da imagem", e ai daquele(a) que tenha medo de olhar-se nele! Se não se olhar, não saberá o que ainda necessita mudar, transformar, nem quanto já cresceu.

Foram essas as descobertas que fiz tendo sido motivada por todas e por cada uma de vocês.

Do ato de planejar

Não dá para falar de planejamento sem se perguntar a que concepção de educação o planejamento está vinculado. Isso porque a uma determinada concepção de educação corresponde uma determinada concepção de planejamento; a toda prática corresponde uma teoria e a toda teoria corresponde uma prática; podemos então dizer que não existem práticas sem intencionalidades e teorias sem autorias.

A visão de planejamento adotada por uma concepção democrática de educação é a de planejamento participativo. Isso quer dizer que o professor está totalmente comprometido com o processo de pensar e organizar sua prática para que, partindo de sua própria organização, possa com seus alunos construir a história do grupo.

Quando o professor planeja de forma participativa, seu movimento é o de estar aberto à troca de experiências com os colegas de trabalho para a leitura do grupo de suas necessidades e desejos; estar aberto às leituras sobre o que tem de desenvolver com relação a conteúdos específicos e necessários à faixa etária com que trabalha; estar aberto ainda a entrar em contato com seu desejo, para descobrir o que gostaria de descobrir com seu grupo/classe.

— Às vezes, é importante se fazer algumas perguntas destas:

— Como e quando eu planejo?

— Para que e para quem planejo?

— Recorro a meus registros quando planejo?

— Utilizo os resultados da avaliação do ano anterior no momento em que vou planejar?

— Quem são meus alunos?

Uma definição de planejamento numa concepção democrática de educação seria: planejar é criar situações pelas quais vivencio e construo conhecimentos com o grupo/classe.

Existem dois tipos de situações:

- As criadas pelo professor, nas quais os conteúdos a serem trabalhados são explícitos;

- As criadas pelo grupo, nas quais os conteúdos a serem trabalhados são implícitos.

É no entrelace desses dois tipos de situações que a história curricular do grupo/classe é construída. Chamo de "conteúdos implícitos", em situações criadas pelo grupo, os assuntos que os alunos discutem entre si, as novidades que trazem de casa e querem contar, as dúvidas que podem ter sobre determinado tema etc.

Em situações criadas pelo grupo, o conteúdo latente é explicitado pela leitura do professor e pode ser organizado e transformado num conteúdo específico a ser trabalhado em sala.

É por meio de situações criadas pelo professor que o conteúdo específico da faixa etária com a qual está trabalhando é organizado e apresentado. Seria, diríamos assim, o conteúdo "obrigatório" do grupo/classe.

É nessa busca de compreensão e construção de sentido que toda e qualquer aprendizagem passa pelo corpo. Se ao meu corpo não é permitido *significar* o que aprende, terá dificuldades tanto em *significar* como em *ressignificar* mais tarde, no momento de solidão de reconstrução do que aprendeu.

Por que nos é tão difícil aprender com o corpo por inteiro? O que nos amarra e nos faz entrar unicamente com uma das partes de nosso corpo, seja quando estamos ensinando ou aprendendo?

Alguns entram só com a cabeça, outros entram só com o coração. Desafio é entrar de corpo inteiro, tanto com a cabeça quanto com o coração. Esse desequilíbrio persegue a todos nós fazendo com que soframos de uma eterna dicotomia e esqueçamos que podemos tentar ser seres mais inteiros, menos cindidos, menos partidos — e que somos antes de tudo "corpos amados/amantes", antes de sermos "cabeças pensadas/pensantes".

Ao longo da minha caminhada de educadora, tenho exercitado a vivência de três momentos metodológicos que considero importantes à organização da ação pedagógica:

1) Contextualização

2) Descontextualização

3) Recontextualização

O momento da contextualização é o momento de o aluno aprender a ouvir — o que requer um momento de fala do educador. Se ousar falar, se ousar trazer o conhecimento que construiu sem medo de estar sendo autoritário, o educador possibilita então que o aluno aprenda o ato da escuta. É pela fala contextualizada do educador que o aluno se exercita no aprendizado da fala, da palavra. Para que viva esse momento, o educador precisa realizar seus registros reflexivos sobre sua prática com o educando. Sua função é apresentar de forma organizada/contextualizada o conhecimento que produziu para que sirva como referencial, como apoio, para o educando avançar na construção do próprio conhecimento.

O momento da descontextualização é o momento de o professor aprender a exercitar o ato de escuta; é o momento de fala do aluno, do grupo/classe; é o momento de construção e busca de significados de cada um com o objetivo de aprender a *significar* individualmente para contribuir com a construção do esquema referencial grupal, esquema este que possibilita a construção de uma linguagem comum no grupo. Os alunos aprendem, então, a expressar o que compreendem, como ainda aprendem a expressar suas dúvidas e certezas sobre o conteúdo apresentado. Esse momento é rico em leituras para o professor que está de corpo aberto para ouvir realmente o que está sendo dito e não o que gostaria que fosse dito; é importante para todos porque propicia a construção do sentimento de pertencer ao grupo, a possibilidade de trazer as próprias conquistas e de aprender a expressar-se no coletivo, a descoberta das afinidades de forma de pensar e as diferenças entre elas. Ou seja, é um momento rico de trocas e de reconhecimento das igualdades e diferenças, tão importantes na construção do processo de identidade de cada um.

A recontextualização é o momento de retomada do discutido, do vivido, para poder "fechar", sistematizar as descobertas realizadas, os desafios assumidos, as dúvidas que foram ou não esclarecidas. Enfim, é um momento de reorganização no qual se configuram as contribuições de cada um. É momento de apropriação das descobertas realizadas, seja no coletivo ou no individual.

O professor que deseja viver um planejamento participativo não pode esquecer que não planeja sozinho — ninguém organiza a ação do outro por ele. É preciso estar com o outro na organização de sua ação, ajudando-o a descobrir qual é sua forma de se organizar.

Assim como o coordenador pedagógico não pode organizar a ação do professor por ele, este, por sua vez, não pode organizar a do seu aluno. O professor aprende a organizar sua ação pela vivência da reflexão de sua prática pedagógica. Só conseguimos refletir sobre nossa prática se tomarmos distância dela. Uma das formas de tomar distanciamento é por meio dos registros pedagógicos. Educador que não registra sua prática continua imerso nela, e a imersão não possibilita a reflexão. Aquele que permanece imerso na prática só atua e mantém-se na esfera do fazer cotidiano, que é o fazer das automaticidades; não leva à reflexão.

Por não nos sentirmos parte integrante na construção e organização do conhecimento que é gestado no espaço escolar, não damos, talvez, o devido valor ao ato de planejar nossas ações pedagógicas, não conseguimos organizar e sistematizar de forma construtiva o conhecimento construído ao longo do nosso percurso de educador, seja como coordenador ou professor.

Na verdade, o planejamento é um dos instrumentos metodológicos de grande importância no trabalho do professor. É pelo planejamento que podemos organizar-nos, perceber e verificar como estamos construindo a história do grupo. E quem fala de história fala de idas e vindas, de avanços e retrocessos, de sonhos e realidades, de amor e raiva, de alegrias e tristezas, de êxitos e derrotas; enfim, de saberes e não-saberes.

O planejamento, então, vai ganhando força e sentido na prática do educador, o qual, pouco a pouco, vai conseguindo enxergar por meio de seu construir os diferentes momentos de ver, de perceber e de conceber o seu pensar e o do grupo, apropriando-se, assim, do seu "que fazer" pedagógico.

Da importância da leitura

Como educadora, sempre me chama atenção a postura que ainda temos nos dias de hoje, em algumas escolas, de ensinar o aluno a ler e a escrever — seja ele criança, jovem ou adulto — sem levar em consideração as experiências de leitura e de escrita que existem no corpo tanto dele como do educador.

O que nos leva a atuar assim? O que nos impede de ter curiosidade sobre as possíveis outras formas de leitura e de escrita que o aluno exercita em sua forma de estar no mundo?

Medo? Incompetência nossa? Descrença no aluno? Desvalorização de seu saber construído de forma não oficial? O peso de nosso próprio aprendizado? Confesso que não saberia responder.

No entanto, sabemos que, antes de aprendermos a ler a palavra escrita, aprendemos a ler o que não está no papel mas sim no mundo. Ou seja, lemos as "palavras faladas", como também as que não o são. Palavras faladas pelos gestos, pelos corpos, pelos olhares, pelos toques, pelos cheiros, odores e cores.

O mundo das palavras faladas representa um dos primeiros espaços de aprendizagem de construção de significados, de leituras.

Nossa forma de aprender a falar, como também a de aprender a ler e a escrever, está em parte marcada pelas experiências que vivemos nesse primeiro espaço de aprendizado da leitura das palavras faladas.

Se repararmos bem, vamos perceber que esse primeiro espaço de aprendizagem de construção de significado sobre o mundo, as pessoas e os objetos é importante para cada um de nós porque está carregado de intensa carga afetiva, já que tem a ver com nossa origem.

Por essa razão é que considero fundamental levar em consideração a experiência de leitura de mundo do aluno em seu processo de aprendizagem, e sobretudo quando a aprendizagem diz respeito ao processo de alfabetização. Não levá-la em consideração significa uma violência à sua pessoa e, por conseguinte, a sua história de vida construída até então. Não poderíamos, assim, falar da importância da leitura no processo de alfabetização sem remeter à importância da leitura de mundo que cada um de nós temos.

A leitura de mundo de cada pessoa encontra-se encharcada de seu contexto sociocultural, o qual revela a forma como cada um aprende e apreende o mundo. É na relação entre a leitura de mundo e a leitura da palavra que construímos e reconstruímos significados. É na gostosura da brincadeira e dos encontros marcados entre essas duas "leituras", quando nos é permitido vivê-los, que nos experienciamos no aprendizado de ler a palavra escrita.

Não é por acaso que dizemos que ler de verdade é construir significados. Quando acreditamos que o ato da leitura tem a ver com a construção de significados, o desafio que temos então nas escolas, e mais especificamente nas salas de aula, é o de ensinar a ler sem realizar a separação entre a leitura do mundo do aluno e a leitura de sua palavra. Isso porque quando falo com palavras que não são minhas, e sim dos outros, minha fala perde força e significado, porque não me representa.

Outro aspecto importante do ato de ler é o aprendizado daquele que se experiencia como leitor, de aprender a conversar com o texto. É pelo aprendizado de conversar com o texto que descobrimos a inter-relação existente entre o texto e o contexto da pessoa que escreveu o texto. Quando escrevemos ou lemos, não o fazemos como se estivéssemos soltos no ar. Fazemo-lo sempre com base naquilo que somos, com a visão de mundo que temos, da qual fazem parte nossos valores, desejos, sonhos e experiências de vida.

Quando não somos desafiados por aquele que nos ensina a aprender a fazer relações entre o texto e o contexto daquilo que lemos, corremos risco de realizar uma leitura não-crítica. Por outro lado, quando somos estimulados a buscar as relações entre o texto e o contexto daquilo que lemos, aprendemos a fazer perguntas sobre o conteúdo do que estamos lendo.

O ato de aprender a fazer perguntas sobre o que lemos, buscando compreender o que realmente o autor quer transmitir, permite-nos aprender ainda a fazer relações com o que foi lido anteriormente, enriquecendo nosso aprendizado de leitura quanto a nossa capacidade de construir significados. Portanto, como educadora, penso que se queremos formar um aluno/leitor crítico seria mais interessante sensibilizá-lo a aprender a fazer perguntas sobre o que lê e não unicamente a responder a perguntas elaboradas pelo professor sobre o texto dado.

Contudo, continuamos ainda a presenciar nas escolas, pautadas em roteiros de leituras, atividades que visam à sensibilização do gosto da leitura no corpo do aluno em quantidade de capítulos a serem lidos, em provas de verificação de compreensão de leitura e em lições com perguntas de interpretação de texto.

Fica, então, a pergunta: Como gestar desejo no corpo do aluno para ler quando não existe no corpo do educador esse desejo?

Sobre limites

A sociedade contemporânea enfrenta uma mudança de paradigmas que nos tem levado a uma constante busca de novos valores que possam fazer frente às vertiginosas mudanças que estamos vivenciando socialmente.

O que ocorre, em verdade, é que há um vazio ainda não preenchido quanto à forma como vivíamos antes e à forma como necessitamos viver hoje. É como se, por causa da vertiginosidade das mudanças, não conseguíssemos com a mesma rapidez atualizar nosso corpo para preencher esse vazio — fato este que provoca sensação de perda de sentido e nos faz sentir inseguros sobre o que se pode ou não fazer, sobre o que é ou não válido como comportamentos e valores sociais.

É nesse contexto de transformações e de incertezas sobre o que podemos ou não fazer que o tema Limite surge com tanta frequência no discurso de educadores. Tanto no âmbito familiar quanto no escolar existe reclamação de falta de limites generalizada, seja em relação aos filhos ou aos alunos.

Que pode estar por trás da falta de limites, por trás da necessidade de sua existência, por trás da dificuldade de pais e educadores em exercitá-lo, seja com respeito a filhos ou a alunos?

Em meus encontros com educadores, quando lhes peço que imaginem para onde a palavra limite os remete, sempre lhes vem uma associação que, de certa forma, remete à espacialidade, já que as palavras são: fronteira, barreira, espaço, muro, linha divisória. Outra constatação é o quanto a palavra "limite" é percebida unicamente em sua conotação restritiva/impeditiva e não também em sua possível conotação de dar salto, de ir além; enfim, de crescimento.

Fico imaginando de onde vem a insistência em pensar unicamente limite como interdição, proibição. Por que não conseguimos pensar e viver o conceito de limite como convite, como expectativa de um ir além do próprio limite?

Acredito que exista diferença entre pôr limites e impor limites. Talvez nessa diferença resida a possibilidade de exercitarmo-nos no aprendizado de viver o limite tanto na sua conotação restritiva quanto na não restritiva, citada anteriormente. Se como educadora unicamente imponho limites, em vez de pôr limites, estou impossibilitando a vivência do limite como um ir além, um superar obstáculos ou desafios.

E isso por quê? Porque quando imponho limites estou pondo no corpo do outro meu próprio limite. Ou seja, de certa forma desejo que o outro viva meus limites como se fossem os dele!

Cabe ao educador, quando trabalha a noção de limite com o educando, possibilitar que este compreenda e descubra seu próprio limite, para compreender o limite do outro. Respeitar o limite do outro é, justamente, o que nos faz um ser social e nos possibilita experienciar a necessidade das regras.

Trabalhamos a noção de limite quando damos espaço ao educando e criamos situações para que ele possa exercitar-se na construção e compreensão do que já consegue e do que ainda não consegue fazer, do que é permitido e do que não é permitido. Só posso saber do meu limite quando me deixam vivê-lo. Quanto mais me é permitido ser eu mesmo, maiores são as chances de descobrir meus limites.

Ao longo de nossa vida, aprendemos que existem limites que não devem ser ultrapassados, que existem justamente para não ser transpostos; como existem outros cuja transposição só depende de nós — e quando não a realizamos permanecemos estagnados em nosso processo de crescimento.

É interessante percebermos na maioria das vezes que, tanto na família como na escola, levamos muito pouco em conta o aspecto positivo do limite. A tendência natural é a de percebermos apenas a necessidade de imposição dos limites e não a de superação deles. É dessa maneira que às vezes, com a melhor das boas intenções, mantemos a criança num estado infantilizado em vez de motivá-la à superação de desafios e obstáculos, para fazê-la crescer.

Estamos tão preocupados em impor limites à criança que esquecemos de nos ocupar dela no sentido de propiciar-lhe situações em que possa experienciar a outra dimensão do limite, como fator de crescimento e fortalecimento de sua capacidade de vencer obstáculos.

Criança curiosa é aquela que teve chance de ser exercitada no aprendizado da superação de limites e, por conseguinte, consegue ir além do limite do seu saber, ousando cruzar a fronteira que o delimita, para conquistar o espaço do não-saber para transformá-lo em saber. Não podemos perder de vista ainda que sem o aprendizado de limites ninguém se torna um ser social. É importante que o educador reflita sobre a importância do limite no desenvolvimento da criança com relação ao processo de individuação.

É pelo processo de individuação que nos descobrimos diferentes do outro. Um dos primeiros limites que vivenciamos de forma dolorosa em nosso corpo é o de nos sabermos não mais continuidade do corpo de nossa mãe. Essa primeira experiência de limite marca nosso corpo para o resto da vida ao mesmo tempo que nos abre espaço para novas aprendizagens, permitindo-nos a descoberta de nossos próprios limites e de nossa individualidade e privacidade.

A existência de limites claros e objetivos no processo de desenvolvimento da criança ganha importância quando o educador consegue perceber que eles são necessários porque propiciam segurança à criança. Sem a intervenção do educador, colocando limites claros e definidos, a criança vai ter dificuldades em se localizar no tempo e no espaço tanto socialmente como individualmente, tanto com relação ao que lhe é permitido quanto com ao que lhe é proibido. Possibilita ainda o aprendizado de saber diferenciar situações que implicam limites a ser mantidos, acatados, de outras que implicam limites a ser considerados desafios a ultrapassar.

Infelizmente, não é o que presenciamos na maioria dos pais e educadores. Muitos de nós temos dificuldades de assumir nossa autoridade diante da criança, seja pequena ou jovem. Às vezes, nossa dificuldade de colocar limites está vinculada à fantasia de perder o amor da criança, relacionando o ato de pôr limites ao ato de desamor. Ora, o que ocorre é justamente o contrário. Dar limites é um ato de amor, já que anuncia/denuncia meu estar ocupado/preocupado com o processo do outro. Possibilita à criança inserir-se socialmente no mundo das relações com o outro e, sobretudo, aprender a lidar com situações de frustrações e de desafios.

É fundamental que a criança possa aprender a lidar com situações de frustrações para que consiga, pouco a pouco, perceber que o mundo não gira em torno de si própria e que ela não pode fazer tudo o que gostaria de fazer. Se o adulto que educa a criança não explicita as diferenças entre o mundo adulto e o infantil, ele dificulta o processo de crescimento dela, impedindo-a de se sentir motivada a realizar conquistas que a aproximem cada vez mais do mundo adulto. Dificulta ainda a descoberta e a aceitação por parte da criança do que é próprio da sua faixa etária, já que tudo lhe é permitido.

Atitudes assim são extremamente prejudiciais ao desenvolvimento infantil porque podem provocar na criança comportamentos adultizados, possibilitando-lhe perder talvez o interesse em conviver com os de sua faixa etária, preferindo constantemente a companhia de adultos.

Acredito que o desafio do educador no que diz respeito à problemática do limite é perceber que o conceito de Limite pode ser compreendido de forma mais abrangente, levando-se em consideração não apenas seu aspecto restritivo, mas também sua dimensão de ir além do que assinala para conquistas e crescimento.

Regras, limites e combinados em sala de aula

A construção da moral na criança, segundo Piaget, é um processo e, assim, existem fases ou etapas a serem desenvolvidas. Existem dois tipos de moral. A moral heterônoma e a autônoma.

A criança, no início da construção da moral, vivencia primeiramente a moral heterônoma, que requer um tipo de relação assimétrica, existindo, portanto, a presença de uma autoridade que exerce limites no corpo da criança. É por saber da existência da fase da moral heterônoma, pela qual toda criança inicia seu processo de construção da moral, que a importância da colocação de limites ganha destaque.

É no momento da construção do grupo com seus alunos que o professor faz uso de seus conhecimentos de forma consciente ou não sobre regras, limites e combinados. É fundamental que o professor compreenda que, quando vivencia a construção do grupo/classe, necessita priorizar de forma diferente os conceitos de limites, regras ou combinados, dependendo da faixa etária com a qual esteja trabalhando.

Sabemos que na faixa etária dos quatro aos sete anos, correspondente à fase da moral heterônoma, as regras são referendadas com suporte numa instância superior à criança. Portanto, quando trabalhamos com essa faixa, é fundamental a clareza do professor na colocação de limites e não na construção de regras.

Quando estamos trabalhando a construção do grupo/classe, é importante percebermos que existe diferença entre *regra* e *limite*. A compreensão da necessidade de existir regras requer ainda por parte da criança a compreensão do outro, dos diferentes pontos de vistas, de igualdades e diferenças, e sobretudo a compreensão do que é melhor para todos. Ora, para uma criança de 4/5 anos, esse tipo de compreensão ainda é muito difícil. Por essa razão, considero mais próximo da compreensão dessa faixa etária trabalhar a vivência do conceito de combinados e não a do conceito de regras.

Assim, os dois conceitos a serem trabalhados desde o maternal até antes do pré seriam os de limite e combinados — sendo o conceito de regra introduzido unicamente a partir do segundo semestre do pré. Por outro lado, o vivenciar combinados pode ser importante como aprendizado e compreensão da necessidade da existência de regras quando estamos em grupo.

A experiência de viver combinados com a criança dessa faixa etária possibilita o exercício do seu processo de descentração para que, pouco a pouco, consiga compreender que, quando está em grupo, não pode fazer tudo o que quer, que existe também o desejo e a necessidade do outro. Possibilita também a descoberta de que não precisa fazer tudo sozinha, aprendendo a realizar atividades com o outro.

No processo de aprender a conviver em grupo, é importante que primeiramente se construa um espaço de continência com a criança para que possa realizar seus combinados no plano individual com o professor e depois com o grupo. O elo entre o individual e o grupal é a figura do professor. É aprendendo a manter e a construir combinados com o professor que aprendo a mantê-los e construí-los com o grupo.

A experiência de aprender a manter os combinados realizados exercita meu corpo para o processo de aprendizagem da construção das regras mais tarde. Os combinados normalmente devem ser trabalhados tendo como foco prioritário o processo individual do aluno, porém pontuando sempre a relação entre o individual e o coletivo. Sem realizar essa ponte, o trabalho com os combinados perde sua essência, empobrecendo-se, já que não instrumentaliza o corpo do aluno para a vivência da dimensão do coletivo.

A necessidade de construção de regras surge de forma ainda incipiente na faixa etária de seis anos e ganha força e clareza a partir dos sete/oito anos. Como educadores, quando acreditamos que as regras podem ser construídas com o grupo, faz sentido pensarmos na construção delas partindo-se das necessidades específicas que surgem ao longo da trajetória de vida do grupo/classe.

Dito de outra forma, as regras, para serem legitimadas pelo grupo, devem surgir de situações-problema vividas em classe que requeiram a real necessidade de sua existência. Isso porque, às vezes, nossa tendência é estipular regras, e não construí-las. Entendendo por regra estipulada não a que surge da real necessidade grupal, mas sim do desejo ou necessidade do professor. Regras desse tipo têm muito mais o caráter de sanção próprio de professor que é adepto da conhecida máxima: "É melhor prevenir do que remediar".

Deparamo-nos com exemplos desse tipo quando, logo após o início do ano letivo, entramos numa sala de aula e vemos as paredes forradas de cartazes com regras e regras — quando seguramente o tempo de vida do grupo não permitiu ainda a descoberta da necessidade de metade das regras que já se encontram inscritas nos cartazes. Vale ressaltar também que as regras inscritas nos cartazes permanecem "congeladas" neles. Ou seja, são instituídas no início do ano e lá permanecem grudadas, e como que sem vida. Isso porque, na maioria das vezes, não são revisitadas pelo professor e seus alunos, com o objetivo de, juntos, avaliarem quais regras ainda são necessárias constar ou não no cartaz. Diante de exemplos desse tipo, somos remetidos a normas ditadas pelo professor e não a regras construídas pelo grupo e com o grupo.

A necessidade de trabalhar com a compreensão e construção de regras surge, então, a partir da primeira fase do ensino fundamental (1ª à 4ª série), estendendo-se para a segunda fase, de 5ª à 8ª série. A classe de pré, nesse sentido, representa um marco de transição entre o desenvolvimento do trabalho com os combinados e a introdução do trabalho com as regras.

No ensino médio, o foco prioritário do trabalho de socialização dos alunos está nos combinados. O que ganha maior força nessa faixa etária, contrariamente ao que muitos de nós imaginamos, não são as regras, mas sim os combinados. Isso porque a palavra para o adolescente é algo de sagrado. Assim, o aprendizado de conseguir manter a palavra e ser respeitado por isso é de fundamental importância para o jovem no seu processo de convivência com o grupo e no de estruturação de sua identidade.

Na verdade, o que ocorre é que, ao longo da construção tanto do processo cognitivo quanto do processo socioafetivo do aluno, o trabalho com os conceitos de limites, combinados e regras muda de foco de prioridade dependendo da faixa etária na qual o aluno se encontra. O que significa dizer que os três conceitos são fundamentais ao longo do processo, devendo-se dar destaques diferentes a cada um de acordo com a faixa etária com a qual se está a trabalhar.

Sobre cidadania

Quando penso sobre o conceito de cidadania, algumas perguntas invadem meu corpo. Como, por exemplo:

— Como cada um de nós, como educadores que somos, exercitamos nossa cidadania no nosso dia a dia, na nossa prática pedagógica?

— Será que exercitamos nossa cidadania só quando estamos em sala de aula e depois nos esquecemos dela?

— Que significa para nós ser cidadãos?

— Qual a relação entre cidadania e educação?

— Nossas escolas são escolas cidadãs?

— Que é uma escola cidadã?

— Como formamos um aluno cidadão?

Ser cidadão é estar preocupado com nossos direitos e nossos deveres. É estar ainda ocupado com o outro; é ser solidário, respeitoso, tolerante com aqueles com quem convivemos, com aqueles a quem educamos e com aqueles com quem trabalhamos.

No entanto, quando penso no exercício cotidiano de ser cidadão, o que considero mais importante é constatar que não posso ser cidadão sozinho. Necessito da presença do outro tanto para "aprender a ser" como também para saber sobre a forma como "estou sendo" cidadão.

Só posso ser cidadão se me sinto e percebo inserido na sociedade da qual faço parte. Exercitar cidadania tem a ver com relações sociais; tem a ver com gente concreta, de carne e osso. Sendo assim, falar sobre cidadania, entre outras coisas, implica falar sobre o processo de inclusão do ser humano na sociedade.

Quando penso na importância da inclusão do indivíduo na sociedade, forçosamente a educação surge na minha frente como um dos instrumentos fundamentais que podem ou não contribuir com esse processo de inclusão.

Digo que a educação pode ou não contribuir com o processo de inclusão social do indivíduo porque a educação, como meu pai costumava dizer, não é um processo neutro. Existe em todo ato educativo uma diretividade, uma intencionalidade de quem educa que o norteia e faz com que aqueles que são educados sejam sujeitos de seu processo de "ser gente", ou, diferentemente, que sejam desapropriados desse processo.

O que temos como resultado desse processo de desapropriação são pessoas sem direito à fala e à possibilidade de expressar o que pensam; excluídas de qualquer possibilidade de tomada de decisão e impossibilitadas de reivindicar seus direitos. Acredito, portanto, que uma educação libertadora, democrática, com visão humanista, tem muito mais a contribuir com uma formação crítica e cidadã dos educandos do que uma educação autoritária.

Assim, faz-se necessário que cada educador faça sua opção política para escolher de que lado se coloca, se a favor de uma diretividade no processo de educar que possibilite ao educando ser gente ou se a favor de uma diretividade que leve o educando a deixar de ser gente.

A educação hoje, mais do que nunca, está ganhando importância como fator de igualdade à medida que o conhecimento vem se tornando cada vez mais um elemento-chave do processo de inclusão ou de exclusão social do indivíduo. Percebemos, dessa forma, as relações que há entre educação e cidadania. É importante que comecemos a refletir sobre o que estamos ensinando a nossos alunos na escola e como os estamos ensinando.

Será que nossa escolha por determinados conteúdos que ensinamos contribui para que nossos alunos possam sentir-se incluídos na vida de sua escola, de seu bairro? Que situações de aprendizagem podem possibilitar a compreensão do sentir-se pertencente a um grupo, a uma determinada comunidade, a uma determinada classe social em que estamos vivendo no nosso dia a dia de nossas escolas? Será que ensinamos cidadania da mesma forma que ensinamos matemática ou geografia? Será que devemos ter um professor específico a ministrar aulas de cidadania?

Digo isso porque normalmente nos deixamos prender pelas malhas, pelos fios invisíveis do cotidiano, cuja característica é o poder de imobilizar nossa capacidade reflexiva e fazer com que, em vez de vivermos nossa ação educativa com postura cidadã e crítica, nos contentemos unicamente em discursar sobre essa ação, esquecendo-nos de pô-la em prática quando nos relacionamos com as pessoas.

A escola como espaço social de transformação e aprendizagem dá continuidade ao exercício do processo de inclusão social da criança, o qual teve início no ambiente familiar. Não é por acaso que tanto a escola como a família são consideradas instituições sociais formadoras de gente e, portanto, transmissoras de valores éticos e morais. Ambas criam espaços de vivências nos quais aprendemos a ser gente tanto no que diz respeito à formação de valores quanto ao aprendizado de inserção e compreensão do mundo.

A escola e a família, por essa razão, necessitam estar próximas uma da outra no processo de educação da criança. As duas são parceiras e não rivais. Para tal, é necessário construir um espaço de diálogo. Sem a construção desse espaço dialógico, no qual as duas possam conversar sobre suas apreensões e dificuldades, seus medos e não-saberes, fica difícil pensar em parcerias e ajuda mútua. A conquista desse espaço de diálogo entre a escola e a família é primordial porque possibilita a clareza da especificidade da função de cada uma.

Uma escola para ser cidadã necessita estar articulada com os diferentes atores sociais no meio em que se encontra inserida. Ninguém aprende a ser cidadão sozinho, solto no ar. Aprendemos a ser cidadãos na relação com o outro e na conquista cotidiana da construção de espaços cada vez mais democráticos de participação.

Aprendemos a ser cidadãos lutando por uma escola ativa, contribuindo como educadores quando assumimos uma postura pedagógica democrática e humanista, que concebe a cidadania como desafio e compromisso do coletivo e não de pessoas isoladas na formação do aluno. Contribuiremos, assim, para que a escola resgate seu papel de articuladora e de gestora social, crucial para o exercício de uma educação democrática e cidadã.

A relação entre escola e família: um diálogo necessário

Tanto a família como a escola são instituições sociais responsáveis pela formação e estruturação de indivíduos. Portanto, são instituições veiculadoras de valores éticos, políticos, sociais e morais. Ambas criam espaços de vivências nos quais aprendemos a ser gente tanto no que diz respeito à formação de valores como ao aprendizado de inserção e compreensão do mundo.

A escola, em seu "que fazer" específico, tem como foco prioritário a estruturação do cognitivo, e a família, a do afetivo. No entanto, nenhuma das duas vive essa função de forma pura ou exclusiva, já que em toda aprendizagem cognitiva existem aspectos afetivos e em toda aprendizagem afetiva existem aspectos cognitivos. Cada qual tem funções e estruturas específicas. Existe ainda um elo muito forte entre ambas, representado pela figura do filho/aluno, que, na verdade, assume na maioria das vezes papel de intermediário entre as duas instituições.

Ao pensar na relação que pode existir entre essas duas instituições, faço-me algumas perguntas como, por exemplo:

— Qual é a função formadora da família? E a da escola?

— Em que ambas são iguais e diferentes entre si?

— Utilizam os mesmos instrumentos para formar e estruturar os indivíduos?

Tanto na família como na escola vivemos processos de socialização. O processo de socialização está dividido classicamente em duas fases:

- A socialização primária
- A socialização secundária.

A socialização primária

A socialização primária é responsabilidade da família e costuma ser a mais importante para o indivíduo. Isso porque é na família que a criança adquire a linguagem e os esquemas básicos de interpretação da realidade, como também aprende a obedecer aos adultos e a respeitar os outros. Na verdade, é no seio da família que aprendemos a ser seres sociais tendo como pano de fundo a construção de nossa identidade.

As duas figuras/modelos mais importantes para a criança nessa fase de socialização primária são o pai e a mãe. No entanto, sabemos que a relação mãe — filho é, durante o primeiro estágio de vida da criança recém-nascida, a relação mais importante. De certa forma, a qualidade do vínculo materno com a criança ou, dito de outra forma, os cuidados da fase inicial da maternagem são fundamentais, pois irão marcar o corpo da criança para toda sua vida.

Durante a fase fusional, é a mãe quem *significa* pelo bebê, é ela quem diz em palavras o que ele pode estar sentindo ou necessitando. É desse modo que a primeira língua que aprendemos a falar é a língua materna. O que equivale a dizer que nossa primeira língua é a língua de *outro* e não a nossa, pela qual nosso corpo estará sempre marcado. O ambiente familiar em que a criança vive tem importância porque contribui para seu desenvolvimento e lhe possibilita experiências diversificadas que enriquecem o processo de estruturação de sua identidade.

Os conteúdos que são transmitidos no processo de aprendizagem no seio da família são carregados de forte carga afetiva, podendo assim facilitar ou dificultar o processo de aprendizagem. É ainda durante o processo de socialização primária que aprendemos a lidar com nossas raivas, nossas invejas e, sobretudo, nossas frustrações. Contudo, não podemos esquecer que o processo de socialização primária tem como figuras principais os adultos mais significativos para a criança — o pai e a mãe.

Somos introduzidos no mundo por meio do processo de socialização primária. De certa forma, é como se fôssemos introduzidos duas vezes no mundo. Na primeira, de forma não oficial, quando já estamos no mundo mas ainda não podemos marcar nossa presença pela fala, e assim somos "falados" pela fala dela, a mãe; e, na segunda, seria de forma oficial, quando estamos no mundo e podemos marcar nosso estar pela nossa própria fala. Em ambas as situações, somos introduzidos pelos nossos pais.

As experiências vividas nas duas situações de introdução no mundo são internalizadas e marcam nosso corpo, ao mesmo tempo que possibilitam a construção do referencial identificatório de cada um. O núcleo familiar exerce, portanto, influência determinante na forma como o sujeito constrói e *significa* suas primeiras concepções de mundo.

Ao longo de nosso trajeto de história de vida, sofremos influências de outras falas ou discursos, tanto da sociedade como de outros núcleos sociais que não os da família, que nos permitem tomar distância do núcleo familiar. Assim, temos possibilidade de enriquecer e transformar nossa primeira visão ou concepção de mundo, construída no seio familiar, apesar de estarmos sempre, de certa forma, por ela determinada.

É dessa forma que os processos de socialização primária e secundária encontram-se inter-relacionados e se complementam na medida em que um dá suporte ao outro, podendo assim serem *ressignificados* e transformados pelo sujeito em suas inter-relações e interações com o meio e com as pessoas.

A socialização secundária

A função social da escola tem sido um ponto de preocupação para a grande maioria dos educadores. Como nós educadores estamos trabalhando com nossos alunos os valores que veiculamos por meio dos rituais sociais que vivenciamos na escola? Isso quando temos clareza de sua necessidade no processo de educação... Acredito que os rituais sempre existiram para marcar, simbolizar e facilitar algumas passagens importantes na vida das pessoas, como, por exemplo, a entrada na escola, o momento da entrada no mundo da escrita, da adolescência etc. A mudança dos valores veiculados pelos rituais sociais que marcam o corpo do indivíduo como ser social e individual é um dos fatores que, de certa forma, têm contribuído para a mudança de valores na sociedade atual.

A ausência de valores humanitários nas relações sociais está gerando uma falta de ética generalizada, que, se antes era mais fácil ser localizada no âmbito da política, hoje atinge descaradamente a família, a escola e o ambiente de trabalho. Estamos todos de uma forma ou de outra enfrentando a mesma problemática. Até que ponto a falta de disciplina por parte dos alunos, tão presente nos depoimentos dos professores, não está sendo confundida com falta de ética?

Sem querer ser simplista nem muito menos reducionista, acredito que atualmente o que estamos vivendo nas salas de aula da grande maioria das escolas são minirrepresentações de situações sociais mais amplas — violência, falta de respeito, ausência de ética.

Sinto-me constrangida em pensar que temos de ensinar nossos alunos a ser gente... algo que é tão básico. No entanto, não sei em que momento da nossa caminhada perdemos esse aspecto de vista. Acredito ser esse talvez um dos grandes desafios deste novo século, tanto para a família como para a escola.

Por mais incoerente que isso possa parecer, na era da tecnologia e de descobertas científicas mais incríveis, nós nos esquecemos de que temos coração e de que, sobretudo, somos seres de emoção bem antes de sermos seres de razão. A sociedade atual vem passando por transformações que têm exercido grande mudança na família e na escola no que diz respeito a sua estrutura e a seu funcionamento. Essas mudanças repercutem no processo de socialização do indivíduo pelo qual as duas são responsáveis. Essas transformações têm feito com que, nos dias de hoje, tanto a família como a escola, por razões diferentes, sintam-se fragilizadas em sua função de agentes socializadores.

Quando conversamos com professores e educadores que vivenciam o cotidiano escolar, escutamos depoimentos e declarações que revelam de diferentes formas a frágil consistência do núcleo básico de socialização primária nos corpos dos alunos. Os exemplos vão desde a necessidade de lhes ensinar posturas básicas de convívio social e hábitos de higiene pessoal a formas de respeito tanto em relação aos colegas como aos adultos. Existe ainda grande lacuna na socialização primária dos alunos no que concerne ao respeito e ao cuidado com seus pertences como também com tudo o que é patrimônio coletivo. Da parte dos pais, o que temos são depoimentos de que os filhos não os respeitam mais, de que é difícil pôr limites neles, de que não querem estudar, de que não conseguem conversar com eles, de que não os escutam, de que, no tempo deles, o dos pais, não era assim etc.

Na verdade, o que está por trás disso tudo?

De fato, temos de reconhecer que tem sido realmente difícil não só para a família como também para a escola e a sociedade em geral acompanharem as mudanças de paradigmas que estão se dando no mundo atualmente. Estamos todos numa busca constante de *ressignificar* nossos valores, de novas formas de saber fazer as coisas, e frequentemente somos tomados por uma sensação de nos sentir defasados em relação ao que acontece no mundo, tamanhas são a velocidade e a diversidade das transformações.

O conceito de tempo e espaço, por sua vez, também sofreu modificações dadas ao avanço da área de tecnologia da informação — o que faz com que possamos estar conectados a diferentes partes do mundo, possibilitando ao mesmo tempo a diminuição da distância virtual e o aumento da distância real entre as pessoas.

Outra transformação importante é o lugar que tanto o conhecimento como a informação ocupam hoje na sociedade. Por causa do ritmo acelerado das transformações, o tempo de vida do conhecimento é curto, o que nos dá a impressão de o conhecimento ser quase "descartável". Vivemos constantemente com a sensação de estar desatualizados. Todos na corrida para reciclar-se... E nessa corrida, na maioria das vezes, corremos risco de deixar cair coisas preciosas ao convívio humano, como, por exemplo, o respeito, a solidariedade e a ética, permitindo que a competição com o outro assuma lugar de destaque nas relações sociais.

É nesse cenário de constantes mudanças que a educação tem papel fundamental na vida social. Pois sabemos que é por meio dela que o conhecimento é produzido e distribuído. Portanto, é fundamental que o educador reflita sobre a forma como está construindo conhecimento na escola e, mais especificamente, dentro da sala de aula!

Como estamos fazendo isso? Como a escola está desempenhando sua função de agente socializador secundário em relação à forma como está construindo e veiculando conhecimento? Como estamos fazendo na escola para manter no aluno o desejo vivo de aprender e a capacidade de realizar escolhas diante da quantidade tão grande e diversificada de informação a que tem acesso? Ensinar a escolher deve ser preocupação nos dias de hoje tanto da família como da escola.

O lugar de destaque que o conhecimento ocupa hoje na sociedade, com um dos fatores principais de novas formas de organização e funcionamento tanto das pessoas como da sociedade, exige que a escola saia de seu imobilismo e conservadorismo e assuma postura mais dinâmica e atualizada no exercício de sua função socializadora.

Se antes o espaço escolar representava um dos principais locais de produção de conhecimento sistematizado e formal, hoje já não é bem assim. Os espaços de construção de conhecimento estão se ampliando e a escola vem perdendo o lugar de espaço exclusivo.

O dinamismo e a rapidez da produção de conhecimento que existe atualmente na sociedade requer da parte do professor atualização constante de seu processo de formação — fato que normalmente não se tem verificado. Isso faz com que o professor tenha hoje diante de si o desafio de assumir nova postura em relação à construção do conhecimento. Para tal, é necessário sensibilizar sua curiosidade e criatividade para que possa realizar o mesmo com os alunos.

No entanto, o que a grande maioria das escolas ainda insiste em oferecer são pacotes fechados e estanques de conhecimentos por meio de enfoques "disciplinares" que dividem a realidade ao mesmo tempo que impossibilitam a *significação* dessa realidade tanto por parte do aluno como do professor.

Sabemos que o acesso vertiginoso, diversificado e enorme que temos hoje às informações obriga de certa forma a escola a ensinar a classificar, selecionar e organizá-las, para que possam ser transformadas em conhecimento. E, no entanto, me pergunto: Será que a escola está fazendo isso? É como instituições sociais inseridas nesse contexto de transformações que tanto a escola como a família veem-se pressionadas a mudar para que possam responder às novas necessidades que se configuram na sociedade atual.

Mais do que nunca, portanto, se faz necessário que ambas se reconheçam em sua especificidade para que atuem de forma complementar — ambas na busca constante de um espaço de diálogo crítico e criativo que torne possível a descoberta de suas continuidades e descontinuidades para que façam frente às novas demandas vindas tanto dos alunos como dos filhos.

Quando nos referimos às possíveis descontinuidades e continuidades entre a família e a escola, queremos dizer que uma não deve ser literalmente a continuidade da outra, como também uma não deve ser inteiramente a descontinuidade da outra. Por exemplo, quando uma família escolhe uma escola na qual deseja pôr seu filho, seguramente vai escolher a que apresenta certa continuidade quanto aos valores da família. Se a opção familiar é por um tipo de educação para a transformação, dificilmente sua escolha vai recair numa escola tradicional.

Um exemplo de descontinuidade entre escola e família é o fato de a escola propiciar ao aluno a possibilidade de pertencer a outro grupo que não ao familiar. Porém, não se trata aqui de qualquer grupo, mas sim de um grupo de iguais em que o aluno pode experienciar vivências necessárias e adequadas a sua faixa etária e também assumir outro papel que não aquele que vive em seu grupo de origem.

Vivemos atualmente uma crise de falta de autoridade que afeta família e escola. Faltam referenciais de estrutura tanto para o aluno na escola como para o filho no ambiente familiar que marquem o corpo de ambos no que concerne, sobretudo, a limites e respeito ao outro. Essa fragilidade de internalização de referenciais de autoridade faz com que cada vez mais presenciemos pedidos de socorro enviesados por parte dos alunos. Os pedidos de socorro oscilam entre a busca de situações de perigo e a falta de respeito ostensiva aos outros.

A falta de autoridade por parte dos adultos — pais ou professores — reflete também em situações de aprendizagem. É como se o pai e o professor tivessem abolido — este, de suas vivências pedagógicas; aquele, de suas vivências familiares — situações assimétricas de aprendizagem.

A relação de aprendizagem requer uma situação assimétrica entre aquele que ensina e aquele que aprende. Aquele que ensina, ao se posicionar como ensinador, ocupa forçosamente lugar diferente daquele que aprende, o que lhe possibilita ainda falar de outro lugar que não daquele no qual o outro se encontra.

No entanto, o que observamos hoje nas escolas é uma grande dificuldade por parte do professor em ocupar o lugar daquele que ensina, diferenciando-se assim do lugar daquele que aprende. Acredito que essa dificuldade pode estar relacionada a certo conteúdo do imaginário social que nos leva a pensar que, quando ocupamos o lugar do saber, estamos sendo autoritários. E por medo talvez de sermos rotulados de autoritários, não assumimos o lugar do saber, e deixamos de ser referencial para o aluno.

Pode-se dizer que a autoridade do professor atualmente se vê ameaçada duplamente. Tanto no aspecto social como no aspecto pedagógico de sua construção, ou, dito de outra forma, no aspecto de sua funcionalidade. A autoridade outorgada à figura do professor pela sociedade está cada vez mais frágil, para não dizer inexistente. O professor já não ocupa o lugar de destaque e importância que a sociedade lhe tinha reservado. Seu discurso perde força a partir do momento em que não tem o endosso do social. Isso faz com que cada vez mais ele se sinta socialmente desautorizado, o que lhe dá sensação de estar falando sozinho.

Esse processo de desautorização social da figura do professor tem repercussões no aspecto pedagógico da construção de sua autoridade funcional. Quanto mais ele se sente socialmente fragilizado em sua autoridade, maior é sua dificuldade em se constituir como autoridade funcional, já que as duas formas de autoridade encontram-se inter-relacionadas.

Esse aspecto é importante, já que cada vez mais cedo a escola ocupa na vida da criança um dos primeiros lugares de substituição da figura parental. Mesmo que essa substituição, quando vivida por meio da figura do professor, não elimine a força da figura parental, é preocupante a falta de autoridade tanto social como funcional do professor, pois seu discurso é um dos que marcam o corpo do aluno na construção de sua identidade.

Sabemos que as práticas pedagógicas vividas e construídas no espaço escolar não caem do céu nem existem de forma abstrata, como se estivessem soltas a pairar no ar. Portanto, somos nós, educadores, mediados pelas inter-relações e interações construídas no cotidiano escolar, que fazemos com que a escola seja o que está sendo hoje.

Dessa forma, a responsabilidade e o compromisso da construção de um espaço de diálogo entre a família e a escola é tarefa de todos e de cada um como sujeitos concretos que ousam sonhar e desejar uma escola mais digna, atualizada e cidadã para todos os alunos.

Os eixos norteadores do trabalho pedagógico na educação infantil

Normalmente, quando começo um curso tenho por hábito me pôr sempre perguntas sobre o foco central do conteúdo que pretendo desenvolver. É desse modo que costumo brincar comigo mesma desafiando-me a refletir sobre o conteúdo.

Perguntas que me faço:

— Como aprende a criança pré-escolar?

— Quais são as características dessa faixa etária?

— Qual a função específica da educação infantil?

Como educadora, tenho insistido muito na necessidade de sensibilizar e instrumentalizar o professor no ato de aprender a fazer "perguntas cretinas". Explico-me: chamo de perguntas cretinas, no bom sentido nordestino, aquelas que são feitas guiadas pela ignorância, ou seja, pelo não-saber. Postulo a pergunta para saber mais e não unicamente para confirmar o que já sei. Essa forma de perguntar é difícil para todos nós porque fomos formados para "esconder" nosso não-saber. E como se isso fosse pouco, costumamos esconder o nosso e desvendar o dos outros.

O foco da proposta pedagógica na educação infantil é a criança. Porém, a criança percebida realmente como criança em seu momento específico de desenvolvimento em que se encontra e não como futuro adulto. Acredito que o processo de educação é *vida* e não *preparação* para a vida. Se como educadores propomos um trabalho pedagógico

QUEM EDUCA MARCA O CORPO DO OUTRO

com a criança para prepará-la para a *vida*, corremos risco de assumir postura antidialética de negar o aqui-e-agora da sua própria *vida*.

O que muitos educadores ainda não perceberam é a noção estática de *vida* que está implícita nesse tipo de proposta pedagógica para a educação infantil. Digo noção estática de *vida* porque dela é retirada sua dimensão de temporalidade que marca os caminhos e experiências vividas que constituem o percurso de cada um, que é único e singular.

Quando se vive, assim, uma relação pedagógica que leva em consideração a noção de temporalidade da *vida*, ao respeitar o presente daquele a quem se educa, a postura metodológica assumida pelo educador apoia-se na convicção de que a criança é sujeito do seu aqui-e-agora, do seu processo de apreensão do mundo e das descobertas que esse processo implica. Portanto, o objetivo da proposta é desenvolver um trabalho pedagógico partindo-se da criança, do que ela já possui de compreensão do mundo, do que ela está sendo, e não do que lhe falta apreender do mundo nem de como ela deveria ser.

Sabemos que a criança pré-escolar possui certas características que a situa na fase de desenvolvimento denominada por Piaget de pré-operatório. Uma das características principais dessa fase é o processo de centração. Dizer que uma criança está centrada em si mesma implica reconhecer que ela ainda não possui a real dimensão do *outro* e apresenta dificuldades em se centrar em mais de um aspecto de uma relação ou processo. O ser centrado da criança não é egoísmo como muitos educadores acreditam, mas sim egocentrismo que implica estar centrado sobre seu próprio ponto de vista, o que a impede de enxergar o outro.

A criança na fase pré-operatória tem dificuldade de se ver como elemento independente do mundo, desvinculada dele, para poder abstraí-lo. Poderíamos dizer que ela se encontra imersa em seu próprio mundo, o que a leva a querer adaptá-lo às suas necessidades egoicas, em vez de adaptar-se a ele. É como se na sua fantasia o mundo fosse uma continuidade de si própria, ou seja, tendo este de corresponder a seus desejos e necessidades.

Por sabermos que a criança pré-escolar encontra-se centrada tanto no domínio cognitivo como no afetivo-social, o trabalho pedagógico a ser desenvolvido na educação infantil tem como objetivo o processo de descentração dela. Quando respeitamos o processo de centração no qual a criança se encontra, estamos indiretamente trabalhando seu descentrar-se.

E o que significa na prática pedagógica respeitar o processo de centração da criança? Significa possibilitar, como educadores, espaços de aprendizagem em que ela possa viver intensamente suas fantasias, suas concepções mágicas do mundo, suas possessividades em não querer dividir brinquedos, "seus monólogos coletivos", seus amigos imaginários e suas eternas e incansáveis perguntas. Percebo que nós adultos perdemos a graça e às vezes a paciência ao entrar em contato com o mundo de fantasia da criança, e normalmente nossa conduta é a de acelerar o processo para que elas entrem o mais rápido possível no nosso mundo.

Costumo fazer diferença entre o foco central do conteúdo programático do trabalho na educação infantil e no ensino fundamental. Acredito que o conteúdo programático a ser trabalhado e vivido na educação infantil é "estrutural". Quero dizer com isso que devemos propiciar à criança tempo necessário e situações de aprendizagem significativas e adequadas para que possam construir seus esquemas de ação e estruturas cognitivo-afetivas, tão necessários à construção de *relações*. São as relações que estruturam nosso modo de pensar e de agir.

Outra razão pela qual o conteúdo programático da pré-escola deve ser estrutural e não conceitual deve-se ao fato de que nessa faixa etária (do zero aos seis anos) a criança encontra-se na fase de construção dos preconceitos, não dominando ainda os conceitos.

É fundamental o professor ter sempre presente que o aluno da educação infantil estrutura o conhecimento partindo da ação. Nessa faixa, ação é sinônimo de pensamento. A criança conhece com o corpo inteiro, por causa de sua incapacidade de abstrair a realidade.

É importante e necessário, então, quando se trabalha com essa faixa etária, partir sempre da ação concreta e a ela retornar para finalizar toda e qualquer atividade desenvolvida.

O professor pré-escolar, além de ser facilitador do processo de aprendizagem da criança, é organizador de suas ações. A meu ver, essa é uma de suas principais funções, seja ele professor de educação infantil ou do primeiro ciclo do ensino fundamental.

Ser organizador das ações implica assumir como educador postura de devolução e interferência ao longo do processo de desenvolvimento dos alunos. Significa devolver de forma organizada o que eles trazem de forma desorganizada tanto para o professor como para o grupo/classe.

É vivenciando experiências de classificar, seriar e ordenar diferentes objetos com o professor e colegas do grupo/classe que a criança começa pouco a pouco a perceber que cada atividade possuiu uma temporalidade e uma organização determinada.

Vivências desse tipo possibilitam a estruturação e a organização do pensamento infantil. Com esse mesmo enfoque, ganha importância o trabalho de organização e estruturação espacial da sala de aula. Isso porque toda e qualquer ação se dá num determinado tempo/espaço.

Vejamos agora os eixos que norteiam o trabalho pedagógico: *representação, matemática* e *socialização*.

Cada eixo de trabalho possui um objetivo educacional:

1) Eixo de representação: desenvolver e instrumentalizar a capacidade de abstração da criança, como também sua capacidade de expressão nas formas mais diversificadas — corporal, musical, gráfica e oral.

2) Eixo de matemática: desenvolver as relações lógicas para instrumentalizar a construção do raciocínio lógico-matemático, a construção da noção de número e a de reversibilidade (incapacidade de tornar mentalmente reversível um processo ou transformação, de separar mentalmente aquilo que se juntou ou de inverter uma sequência temporal).

3) Eixo de socialização: desenvolver as relações socioafetivo-espaciais para instrumentalizar a capacidade de descentração, o que possibilita a descoberta do outro, o respeito pelo outro, a cooperação mútua e o sentimento de pertencimento ao grupo.

Desenvolvimento dos eixos:

1) *Eixo de representação*

Itens a serem trabalhados:

- Jogo simbólico
- Desenho
- Esquema corporal
- Linguagens gestual, musical e artística
- Histórias contadas e lidas

Dentre os vários objetivos do trabalho pedagógico desenvolvido em cada um dos itens acima mencionados, um deles é desenvolver a "possibilidade" para o processo de alfabetização.

Quando me refiro ao processo de alfabetização, percebo-o como um processo amplo que não se resume unicamente à leitura da palavra escrita, mas também à leitura do mundo. A criança pequena lê o mundo por meio dos indícios, dos gestos, dos símbolos, muito antes de ser iniciada na leitura da palavra escrita.

O processo de alfabetização percebido tem, assim, seu início nas classes de maternais; é sistematizado na classe de pré e concluído na segunda série do ensino fundamental.

2) *Eixo de matemática*

Itens a serem trabalhados:

- Construção do conhecimento físico dos objetos
- Construção do conhecimento lógico-matemático
- Construção do conhecimento social

Dos três tipos de conhecimento acima mencionados, o único que está realmente "dentro" da criança é o conhecimento lógico-matemático. Esse tipo de conhecimento se caracteriza por não ser *ensinável*; é construído por meio de inúmeras ações e experiências específicas vividas pela criança ao longo de seu percurso de vida. São essas ações e experiências que tornam possível a construção de *relações*. Os conceitos de "diferença" e "igualdade" são exemplos de conhecimento lógico-matemático, já que são relações criadas mentalmente pela criança quando compara objetos.

As relações não existem nos objetos, não estão inscritas neles. É a criança, como sujeito, que conhece, que constrói as relações, tendo como base o conhecimento físico dos objetos que já estruturou. O conhecimento físico dos objetos encontra-se "fora" da criança. Ou seja, está no mundo das coisas e dos objetos, cabendo à criança estruturá-lo mediante a ação e manipulação de tais objetos. Assim, é fundamental propiciar situações de aprendizagem nas quais a criança possa agir sobre os mais variados objetos, ampliando seu conhecimento físico sobre eles.

O conhecimento social é o único que, por ser arbitrário, pode ser realmente ensinado, transmitido. Como, por exemplo, a grafia dos números e a grafia dos sinais de operações.

3) *Eixo de socialização*

Itens a serem trabalhados:

- Construção do grupo/classe
- Desenvolvimento do processo de socialização horizontal (percepção do seu grupo/classe como parte de um todo maior que a escola)

O trabalho a ser desenvolvido nesse eixo está centrado no processo de socialização secundária da criança. Todos sabemos que a escola como espaço de experiências sociais e o professor como representante do saber são referenciais importantes para a criança.

O professor ocupa lugar de destaque na vida da criança por ser o segundo referencial mais importante de aprendizagem depois da figura parental. É a partir desse lugar que ele influencia o processo de formação da criança, quer tenha consciência desse fato quer não.

A escola oferece à criança a possibilidade de ao mesmo tempo pertencer a um grupo de iguais e estar em contato com outras crianças de diferentes faixas etárias, o que enriquece a construção da percepção de si e do outro.

É por meio do corpo, intermediado pela palavra, que a criança constrói seus vínculos afetivos e formas de convivência social. Essa é uma das razões da importância de trabalhar com os jogos corporais na educação infantil, já que é pelas vivências corporais que a criança inicia seu processo de socialização.

A MEU PAI

Olhos de criança feliz eram seus olhos
Rasos e claros como a água do mar
Sempre prontos a sair pelo mundo, a viajar
Só ele sabia cantar... cantigas de ninar...
Ela queria poder voar, para com ele se encontrar,
Mas tinha medo de não conseguir se levantar.
A neblina vinha invadindo o lugar
Neblina densa e fria, como agora estava seu olhar,
Orou para ele não viajar
Naquela nave sem ave para guiar
Ela não sabia se ia,
E o que faria com toda a tristeza que com ela iria ficar
E a morte simplesmente chegou, para o levar
Cabelos brancos, encaracolados, que ele tinha
Mas deixou sua vida intensa,
Presença/ausência
Não sabia os atalhos
Que teria de percorrer
Para poder chegar ao lugar, para com ele estar
E lá dentro ela foi buscar...
Aquela cantiga,
Que ele costumava cantar...
Para nela se ninar.
Ainda carregava tanta tristeza dentro dela
Que não conseguia fazer
Que sua alegria de viver
Voltasse para com ela ficar.
Mas foi tamanha a presença intensa
Do que ele pode *significar*
Que aceitou ficar por um tempo
Sem hora marcada para voltar.
Ela, que sempre queria ter tempo de sobra,
Ficou de repente a sobrar...

SDA PESQUISAS EM EDUCAÇÃO

É uma empresa que atua nacionalmente, pesquisando, criando e desenvolvendo materiais pedagógicos e lúdicos, projetos socioeducacionais, ações e campanhas educativas e projetos culturais.

É formada por equipe multidisciplinar e atua desde 1991 em âmbito nacional.

Os projetos desenvolvidos têm recebido o apoio de empresas de grande porte, e essa parceria já privilegiou mais de 2.000.000 (dois milhões) de crianças e cerca de 80.000 (oitenta mil) adultos/professores.

Esses projetos ocorrem gratuitamente nas escolas, em hospitais, centros culturais e outras localidades, com atividades realizadas diretamente com crianças ou com professores.

Junto aos professores e coordenadores, a DAS Pesquisas em Educação é reconhecida por oferecer cursos de capacitação, assessoria pedagógica e palestras para pais.

Alguns projetos:

Projeto de Cidadania e Educação para o Trânsito — Material Lúdico Pedagógico — "Rodovia Viva"

Projeto de Criatividade e Solidariedade — "Ação Cultural de Coração a Coração"/"Criando com Palitos nas Escolas"/"Criando com Palitos nos Hospitais"/"Criando com Palitos na Fábrica"

Projetos Rurais — Montagem de Ludotecas em Creches da Zona Rural — Goiás

Projeto de Prevenção de Acidentes — "Cuidar não Dói"

Projeto de Orientação Sexual — "Fala Sério"

Projeto Itinerante Teatro na Escola — "O Que é Essa Tal Liberdade"/"O Cérebro"/"A Escola das Cores"/"Dr. Dentuço"

Projeto Brincar — "Brinquedoteca na Escola"

Projeto de Criatividade — "O *Videogame* na Sala de Aula"

Projeto de Artes — "Manual de Artes para Professores"

Projeto de Tecnologia e Sociedade — "Um Dia na Empresa"

Contatos:

sda@carvalhoeluppi.com.br

+55 (11) 5543-9388